Jens Kegel

Erfolgreich Menschen führen

Jens Kegel

Erfolgreich Menschen führen

Das Beste aus siebzig Jahren Forschung

1. Auflage 2013, Herstellung und Verlag: BoD – Books on Demand, Norderstedt

ISBN **978-3-848264-24-7**

Autor

Dr. Jens Kegel ist Kommunikations-Experte. Er studierte Germanistik, Geschichte, Pädagogik und Psychologie. Nach zwei Staatsexamen folgten ein Fernstudium „Werbetexten" und ein Promotionsstudium im Bereich Germanistische Linguistik. Seit fünfzehn Jahren arbeitet er als Texter, Autor, Ghostwriter und Berater für verbale Unternehmenskommunikation. Er berät Personen und Unternehmen in den Bereichen Kommunikation und Vermarktung. Jens Kegel übersetzt für Praktiker die neuesten Erkenntnisse aus verschiedenen Wissenschaftsbereichen und bereitet sie methodisch in Vorträgen und Seminaren auf.

www.jens-kegel.de

Inhaltsverzeichnis

Vorwort

Menschen sind soziale Tiere, die in vielen Bereichen des Alltags gemeinsam handeln. Damit dies gelingt, gibt es – wie in anderen Gemeinschaften auch – Individuen, die sich an die Spitze setzen, die Richtung vorgeben, die Gruppe lenken und leiten. Das ist bei einer Schimpansenhorde ebenso wie bei den Bonobos und auch uns Menschen. In einer demokratischen Gesellschaft wie der unsrigen, die zu Recht Vieles im Konsens entscheidet, hat sich nun ein Widerspruch herauskristallisiert, der besonders Führungspersonen fast täglich bewusst wird. Auf der einen Seite Pluralismus, Diskussionen, Abwägen des Für und Wider – auf der anderen die Notwendigkeit, schnell zu handeln, letzten Endes Entscheidungen allein zu treffen und vor allem erfolgreich zu sein. Dieser Gegensatz ist manchmal nicht spürbar, manchmal jedoch behindert er effektives Agieren bis zum Stillstand.

Hinzu kommt ein Phänomen, dessen sich viele oft nicht bewusst sind, das aber unterschwellig wirkt. Aufgrund der besonderen deutschen Geschichte, die zwei Diktaturen mit all ihren negativen Auswirkungen hervorgebracht hat, werden Führungspersonen und ihre notwendigen Handlungen oft argwöhnisch und besonders kritisch beobachtet. Wer führt und aufgrund seiner Position nicht (basis)demokratisch Entscheidungen auf den Weg bringt, macht sich automatisch verdächtig. Andererseits erlebt man, dass notwendige und rasche Entscheidungen nicht getroffen werden, weil sich eine Gruppe nicht einigen kann, sie Angst vor den Folgen hat oder zu viele Aspekte in die Diskussion einbringt.

Aus dem Grundwiderspruch zwischen notwendiger Beteiligung Aller und einer starken Führungspersönlichkeit resultieren besondere Aufgaben, die täglich zu lösen sind. Einerseits sollen Vorgesetzte als charismatische Persönlichkeit auftreten, der andere Menschen möglichst freiwillig folgen. Andererseits müssen sie ihre Entscheidungen begründen, Menschen führen, sie motivieren und zum Erfolg führen. Dass diese teils widersprüchlichen Handlungen nur wenige Menschen von Natur aus beherrschen, liegt auf der Hand. Da ist es eine große Hilfe, wenn Wissenschaften wie Verhaltensbiologie, Sozialpsychologie, Neurologie und Pädagogik verschiedene Erkenntnisse bereitstellen, mit denen diese Aufgaben leichter und effektiver gelöst werden können.

Dieses Buch zeigt die wichtigsten dieser Einsichten aus Sicht der Praxis und beantwortet folgende Fragen: Warum sollte Führungskräften bewusst sein, woher die Menschen kommen und welches tierische Erbe wir in uns tragen? Was geschieht in Gruppen (von Mitarbeitern), wenn sie sich einmal gebildet haben? Welche unsichtbaren Kräfte wirken, wie kann man sie erkennen, vor allem aber nutzen? Wie lässt sich aus einem zusammengewürfelten Haufen eine schlagkräftige Truppe formen? Wie kann man die einzelnen Mitglieder individuell motivieren? Gibt es Möglichkeiten, ihr Vertrauen zu gewinnen und sie zu führen – ohne Manipulation und Tricks? Was ist bei Konflikten zu tun? Wie leite ich effektiv Besprechungen? Wie werde ich selbst zu einer anerkannten Autorität, der man Charisma nachsagt?

Das Buch erhebt nicht den Anspruch, all diese Fragen umfassend zu beantworten. Es fasst wichtige Resultate der Forschung zusammen und konzentriert sich auf jene Aspekte, die für Führungskräfte täglich eine Rolle spielen. Dabei werden auch Beispiele aus anderen Bereichen unseres täglichen Lebens herangezogen, welche erkenntnisfördernd und nutzbringend zugleich sind.

In der Hoffnung, dass dieses Buch beide Attribute ebenso besitzt, wünsche ich viel Spaß beim Anwenden und Umsetzen.

1.   Der Mensch als soziales Wesen

In der ersten Hälfte des 19. Jahrhunderts macht in Nürnberg ein Junge mit dem Namen Kaspar Hauser auf sich aufmerksam. Weil er offenbar ohne soziale Kontakte aufgewachsen ist, erscheint sein Verhalten merkwürdig und zurückgeblieben. Die Psychologen bezeichnen eine schwere psychische Störung, die aus frühkindlicher Isolation resultiert, demnach als Kaspar-Hauser-Syndrom. Wenn Menschen also mit nur wenigen oder ohne soziale Kontakte, ohne Zuwendung, Wärme und Kommunikation aufwachsen, werden sie ängstlich und entwickeln verschiedene Störungen.

Menschen sind – wie viele andere Tiere auch – keine Wesen, die völlig allein durch die Welt gehen. Sie handeln in kleinen und großen Gruppen, weil sie sonst nur wenige Chancen haben zu überleben. Evolutionsbiologen vermuten heute, dass die gesamte Menschheit von einer kleinen Gruppe abstammt, die gerade einmal zweihundert Individuen umfasste. Wenn diese nicht miteinander kooperiert, kommuniziert, gehandelt hätten, wäre die Entwicklung der Menschheit vor acht Millionen Jahren im Sande Afrikas verlaufen. Die positiven Folgen sozialen Handelns sind offensichtlich. Einzelne Individuen in der Gruppe bündeln ihre Kräfte und können so Aufgaben bewältigen, für die sie allein viel zu schwach wären. Man denke nur daran, welche Bauten Insektenvölker gemeinsam errichten können und wie Raubtiere im Rudel größeres Wild erbeuten. Auch all die phänomenalen Leistungen, auf welche die Menschen in ihrer – evolutionär äußerst knapp bemessenen Zeit – zurückblicken können, sind ohne soziales Verhalten nicht möglich.

1.1 Das äffische Erbe tief in uns

Vor einigen Jahren hat eine Zahl teils Verwunderung, Erstaunen und sogar Entsetzen ausgelöst. Das genetische Material des Menschen ist zu fast 99 Prozent mit jenem des Schimpansen identisch. Allerdings muss man dabei auch die absoluten Zahlen betrachten, denn das gesamte Erbgut besteht aus ungefähr dreißig Milliarden Informationseinheiten – und da macht das eine Prozent drei Millionen Unterschiede aus. Diese haben sich in ungefähr sechs Millionen Jahren herausgebildet. Wie häufig zu hören ist, stammt der Mensch auch nicht vom Affen ab – beide haben dieselben Vorfahren. Die heute lebende Gruppe der Menschenaffen und unsere Vorfahren standen also vor sechs Millionen Jahren am Scheideweg; jede Gruppe hat sich für einen anderen Pfad der Entwicklung entschieden. Auf diesem haben sie sich verändert – durch unterschiedliches Handeln, unterschiedliches Denken und Kommunizieren.

Frans de Waal, einer der bedeutendsten Primatenforscher, hat sich viele Jahrzehnte seines Lebens mit Schimpansen beschäftigt. Den Unterschieden, aber auch den Gemeinsamkeiten zwischen Menschenaffe und Mensch gilt unter anderem sein Interesse. Was er herausgefunden hat, erschüttert das Weltbild jener, welche an das Göttliche des Menschen und seine Überlegenheit gegenüber der restlichen Tierwelt glauben. Wer jedoch davon ausgeht, dass Menschen integraler Bestandteil der Natur sind, kann diese Erkenntnisse nutzen. Viel zu häufig können wir nämlich Verhaltensweisen unserer Mitmenschen nicht deuten und stehen ratlos davor. Viel zu oft schaut aus dem Business-Kostüm und dem Anzug unser Vorfahre heraus und scheint uns zu sagen: ,Ihr habt euch nur verkleidet.' Ein schönes Bild für diese tiefe Verankerung des Menschen in der Evolution hat Edward Wilson gefunden. Er meint lapidar, die Natur hat uns „an der Leine".

Hinzu kommt ein anderer Fakt, den manche geflissentlich übersehen: Gemessen an den riesigen Zeiträumen der Evolution ist unsere Entwicklung ein Wimpernschlag, ein kurzer Augenblick. In diesem Moment ist es gar nicht möglich, all das abzulegen, was Millionen Jahre zuvor aufgebaut wurde – selbst wenn wir das behaupten. Wer also weiß, welche unserer Verhaltensweisen in der Evolution begründet ist, der kann viel besser damit umgehen und in der Folge seine Mitmenschen optimal führen, lenken und leiten.

a)   Menschen, Affen und Macht

Im Zoo von Arnheim hat sich vor vielen Jahren ein Männchen mit zwei anderen angelegt – das Resultat war, dass diese beiden dem Aufmüpfigen Bisswunden zufügten, ihn halbtot prügelten, dessen Hoden herausquetschten, Finger und Zehen abbissen.

Viele andere Beobachtungen zeigen, dass in Schimpansen-Horden strenge Hierarchien existieren und diese auch mit Gewalt verteidigt werden. Männliche Schimpansen sind in erster Linie darauf aus, an die Spitze zu kommen. Sie nehmen ständige Gefahren, Umsturzversuche, einen zu hohen Stresspegel, ein schwaches Immunsystem mit Magengeschwüren und die Gefahr eines Herzanfalls in Kauf, um es nach oben zu schaffen. Hier winkt den Alpha-Tieren jedoch ein Privileg, für das sich offensichtlich die ganze Plackerei lohnt: Mehr Sex und die Möglichkeit, die eigenen Gene zu verbreiten. Allerdings haben Tiere an der Spitze auch Aufgaben für die Gemeinschaft zu erfüllen. Sie müssen Streits schlichten, Unruhen beseitigen, dabei unparteiisch vorgehen und Kämpfende auseinanderbringen. Diese Aufgaben bedeuten, dass Alpha-Tiere immer wachsam zu sein haben, was natürlich ihrer Gesundheit nicht gerade zuträglich ist. Andererseits hat man auch beobachtet, dass sie zum Beispiel dem Stellvertreter die Aufgabe übertragen können, für Ruhe zu sorgen.

Frans de Waal erkennt bei seinen Beobachtungen, dass auch menschliche Gemeinschaften vom Gerangel um Macht durchdrungen sind, merkt aber zugleich resignierend an, dass wir dieses Streben tunlichst unter den zivilisatorischen Teppich kehren wollen – wohin es nicht gehört, denn die Zeichen des Gerangels um die (meist männliche) Macht sind allerorten zu finden, wenn man sie lesen kann:

- Männer mit Machtanspruch oder bestehender Macht reden mehr und lauter als andere, sie unterbrechen andere häufiger oder schneiden ihnen einfach das Wort ab.
- Die oben Angekommenen tragen Statussymbole, sind Meinungsführer (obwohl sie manchmal gar keine Ahnung haben) und geben vor, wann welche Handlung an der Tagesordnung ist.
- Wenn mächtige Männchen / Männer unterdrückten Tieren / Mitmenschen helfen, steigen sie in der Achtung und festigen ihre eigene Position.

Wenn bei Schimpansen und Menschen eine Hierarchie gefestigt ist, die Position der jeweiligen Individuen feststeht, gibt es keinen Grund für Rangeleien und andere negative Handlungen. Das Positive einer festgefügten – und von allen akzeptierten – Stufenleiter ist Harmonie, friedliche Kooperation, vor allem aber effektives Kooperieren.

Warum sind militärische Einheiten und Unternehmen am strengsten hierarchisch geordnet? Weil sich keine der beiden Organisationen langwierige Diskussionen und ständig neues Aushandeln der Machtverhältnisse leisten kann. Hier liegt ein vielfach unterschätzter Grund, warum überdemokratisierte Organisationsformen, bei der Alles und Jedes ausdiskutiert werden muss, nicht vorwärtskommen.

Das Wort *Macht* wird heute nicht mehr neutral, sondern vorwiegend mit negativem Einschlag gebraucht. Dabei zeigen alle Organisationsformen in Politik, Wirtschaft und Verwaltung, dass geordnete Machtverhältnisse effektives Arbeiten überhaupt erst ermöglichen. Wenn diese jedoch labil sind, ein Posten vakant oder ein Streit um die Machtverhältnisse entbrannt ist, sinkt die Produktivität des gesamten Ladens. Das trifft für Unternehmen, Verwaltungen und sogar Schulklassen gleichermaßen zu. Daraus lässt sich nur eine Schlussfolgerung ziehen: Wer mit Menschen effektiv etwas erreichen will, muss die Machtverhältnisse klären. Frans de Waal drückt dies so aus: „Harmonie erfordert Stabilität, und Stabilität beruht letztlich auf einer allseits anerkannten Sozialordnung."

Diese ist auch bei einer anderen Primatenart zu erkennen, allerdings mit weiblichen Vorzeichen. Die Rede ist von Bonobos, die anfangs irrtümlich als Zwergschimpansen bezeichnet wurden, weil man glaubte, nur eine Unterart vor sich zu haben. Bonobos aber haben nicht nur andere Sozialstrukturen entwickelt, sie gehen anders mit Macht um – bei ihnen geben nämlich Weibchen den Ton an. Das hat hochinteressante Folgen, die man sich im Gegensatz zu den Schimpansen vor Augen führen sollte.

- Bei den Bonobos ist das zahlenmäßige Verhältnis zwischen männlichen und weiblichen Tieren annähernd ausgeglichen; bei Schimpansen gibt es oft doppelt so viele Weibchen wie Männchen.
- Die Handlungen zwischen den weiblichen Bonobos sind viel schwerer zu erkennen als die offen ausgetragenen Machtkämpfe der männlichen Schimpansen.
- Bonobos leben länger und gesünder, weil es kaum Rangeleien um Status und Macht gibt.
- In der männlich dominierten Gemeinschaft der Schimpansen ist die erste Position öfter Grund für Gerangel und Streit; in der weiblich dominierten der

Bonobos kommt nur Bewegung in die Hierarchie, wenn das oberste Weibchen schwach, krank oder gestorben ist.

Setzt man nun die Unterschiede bei Schimpansen und Bonobos mit Erkenntnissen von Psychologen in Beziehung, ergeben sich interessante Querverbindungen. Forscher der menschlichen Seele unterscheiden nämlich zwischen zwei Persönlichkeiten, wenn es um die Machtfrage geht. Die eine Sorte erzwingt ihren Status in der Rangliste durch Recht, Gesetz und notfalls auch durch Strafen. Die andere hingegen versucht, Unterschiede, welche durch Hierarchien zwangsläufig entstehen, auszugleichen. Die Frage daraus lautet nun nicht, welche Art von Persönlichkeit ein menschliches Alpha-Tier sein möchte; die Frage ist, wie es den Balance-Akt zwischen beiden Positionen herstellen und aufrechterhalten kann.

b)   Menschen, Affen und Gewalt

Jane Goodall, eine weitere bekannte Forscherin, hat vor einigen Jahrzehnten eine hitzige Diskussion entfacht. Sie wies nach, dass Schimpansen Krieg untereinander führen, morden und auch sonst dem bis dahin gepflegten Bild des friedliebenden Menschen-Verwandten nun ganz und gar nicht entsprechen. Schimpansen lauern im Hinterhalt auf Feinde, bringen Kinder von Rivalen um und stehen Artgenossen aus anderen Gruppen eher feindselig denn freundschaftlich gegenüber. Sie sind „fremdenfeindlich" und schätzen Angehörige ihrer eigenen Gruppe höher als jene der anderen.

All diese Verhaltensweisen, die auch bei Menschen vorkommen, haben also ihre Ursachen in unserer Natur. Dass wir sie trotzdem ahnden, liegt daran, dass ein soziales Miteinander bei Nichtverfolgung schlicht unmöglich wäre. Es kommt darauf an, dass wir anerkennen, welche auch negativen Potenzen in uns Menschen schlummern. Dass es manchmal sehr leicht ist, diese zu aktivieren, wird nicht erst in Ausnahmesituationen klar – zuweilen genügen schon Konflikte oder eine scheinbar friedliche Diktatur. Die Frage stellt sich, wie man dauerhaft und wirksam diese in uns angelegten Fähigkeiten unterdrückt? Frans de Waal dazu: „Solange Individuen gemeinsame Ziele verfolgen, unterdrücken sie negative Gefühle. Sobald jedoch das gemeinsame Ziel verschwunden ist, kochen die Spannungen hoch." Damit es nicht so weit kommt, muss also dem Einzelnen immer klar gemacht werden: Du bist Teil einer starken Gemeinschaft. Alle brauchen Dich genauso wie Du die anderen benötigst.

c)   Menschen, Affen und Konflikte

Bei Primaten und Menschen sind auch ähnliche Muster zu erkennen, wenn es darum geht, Konflikte zu beseitigen. Interessant sind nun die Unterschiede, wie Männchen und Weibchen mit diesen umgehen. Bei männlichen Schimpansen sind Zeiten, in denen Konflikte ausgetragen werden, deutlich von jenen unterschieden, in denen alles friedlich und ruhig ist. Sie verbergen Spannungen nicht, wenn diese auftreten, tricksen allerdings auch nicht. Anders sieht es bei Weibchen aus. Sie pflegen vor allem mit jenen Tieren gute und freundschaftliche Beziehungen, die ihnen nahe stehen. Rivalinnen gegenüber stehen sie ihren männlichen Kollegen in nichts nach und lassen ihren Aggressionen freien Lauf. Zugleich halten Spannungen – verdeckte oder offene – auch länger an als bei den Männchen. Interessant ist, dass weibliche Schimpansen aber auch als Schlichter, als Mediatoren auftreten können, wenn sich zwischen zwei Männchen ein Streit anbahnt. Sie kraulen dann die beiden Männchen, die anschließend aufeinander zugehen können, ohne ihr Gesicht zu verlieren.

d)   Menschen, Affen und Gruppenleben

„Man kann die Früchte des Gruppenlebens nicht ernten, ohne seinen Beitrag geleistet zu haben." Dieser Satz von Frans de Waal fasst zusammen, was Affen in Bezug auf ihre Gemeinschaft im Laufe des Lebens immer wieder praktizieren. Schimpansen verbringen zum Beispiel zehn Prozent ihrer Zeit damit, einander zu kraulen. Dieses Verhalten gibt es in abgewandelter Form auch bei Menschen, allerdings kraulen wir einander nicht, sondern bilden und festigen eine Gruppe mit Worten. Der Schwatz, das kleine Gespräch am Rande scheinen manchmal sinnentleert zu sein, sie besitzen aber dieselbe Funktion: Gemeinschaft bilden und aufrechterhalten.

Was fangen wir nun mit all diesen Erkenntnissen an? Wer an unsere Einzigartigkeit glaubt und den Menschen weiterhin als Krone der Schöpfung betrachtet, wird diese Fakten missachten. Wer aber anerkennt, dass wir Teil der Natur sind und überwiegend auch natur-gegebenes Verhalten an den Tag legen, wird zum Ersten den Affen in uns an allen Ecken und Enden erkennen, zum Zweiten unsere Natur akzeptieren und positiv umsetzen. Wie wir das am besten bewerkstelligen, zeigen die nächsten Kapitel.

1.2 Das Rudeltier homo sapiens

Es gab und gibt immer wieder Menschen, die sich in die Einsamkeit zurückziehen, in Höhlen verkriechen, in Wälder oder Wüsten fliehen. Das kann für eine bestimmte Zeit sogar gesund sein, um mit sich selbst wieder ins Reine zu kommen, Ziele neu abzustecken oder Vergangenes Revue passieren zu lassen. In unserer Zeit ist es ebenso angeraten, sich ab und an zurückzuziehen und Einsamkeit bewusst zu genießen. Wenn Einsamkeit aber zu lange dauert und menschliche Kontakte unterbleiben, werden wir krank.

Evolutionsbiologen und Neurologen sind immer wieder verwundert darüber, wie rasant sich das menschliche Gehirn entwickelte. Sie machen unterschiedliche Ursachen dafür verantwortlich, die allesamt miteinander in Beziehung stehen. Als unsere Vorfahren von den Bäumen stiegen und begannen, in der Savanne größere Strecken zu überwinden, mussten sie sich schnell und umfassend orientieren können. Als sie – wahrscheinlich durch Zufall – verbranntes Fleisch aßen, merkten sie, dass es leichter zu essen war. Es war aber auch leichter zu verdauen, was dem Körper schneller und effektiver Nährstoffe zur Verfügung stellte. Weil sich die Lebenswelt unserer Urahnen änderte, mussten sie auch ihre Überlebenstaktik ändern, die sich immer mehr auf Gemeinschaft und Arbeitsteilung ausrichtete. Daraus wiederum folgte der Druck, immer detaillierter zu kommunizieren, die Zukunft vorauszusehen, um entsprechend zu planen und Vorsorge zu treffen. Gleichzeitig teilten unsere Vorfahren bestimmte Aufgaben, weil Spezialisierung für die Gesamtheit einfach effektiver ist.

All dies führte dazu, dass sich das Gehirn parallel vergrößerte, um mit neuen Ressourcen den umfassenden Aufgaben gewachsen zu sein. Gemeinsam und in der Gruppe ist also nicht nur ein wichtiger Überlebensfaktor, sondern auch eine bedeutende Triebkraft für Entwicklung. Heute hält diese Entwicklung an, allerdings nicht nur mit Vorteilen, denn während unseres gesamten Lebens sind wir Teil verschiedener Gemeinschaften und nie irgendwie allein. Unsere Welt ist hoch spezialisiert, so dass wir privat und beruflich gar nicht anders können, als gemeinschaftlich zu handeln. Die Vorteile zeigen sich jeden Tag. Spezialisten erledigen spezielle Aufgaben, gemeinsam stemmen Menschen umfassende Projekte und gehen gleichgesinnten Interessen nach. Die versteckten Nachteile aber agieren meist unter der Oberfläche. Sie sind kaum sichtbar und werden von vielen Menschen hartnäckig geleugnet – selbst wenn wissenschaftliche Studien sie bewiesen haben.

Zusammenfassung

Der Mensch ist nicht die Krone der Schöpfung, sondern integraler Bestandteil der Natur und ihrer evolutionären Entwicklung. Darum trägt er sehr viele Verhaltensweisen in sich, die er mit seinen nahen Verwandten gemein hat. Das Streben nach Macht und festgefügter sozialer Ordnung gehört ebenso dazu wie der Kampf um Positionen, wenn diese Macht ins Wanken gerät – durch ungeklärte soziale Verhältnisse, vakante Positionen, eine schwache Führungspersönlichkeit. Wenn jedoch die Machtverhältnisse innerhalb einer Gemeinschaft geklärt sind und jedes einzelne Individuum um seine Position weiß, können soziale Gemeinschaften ihre Potenzen nutzen.

Die erste und wichtigste Aufgabe für Führungspersönlichkeiten besteht also darin, die Machtfrage zu klären, Hierarchien für alle sichtbar festzulegen und permanent darauf zu achten, dass Beides stabil bleibt. Wer diese Naturgesetze missachtet, sollte sich lieber einreihen und anderen die Führung überlassen.

2. Erfolg in und mit der Gruppe

Menschen sind soziale Tiere, die aufeinander angewiesen sind und miteinander kooperieren. In Tausenden Jahren Evolution haben sich nun besondere Verhaltensweisen und Mechanismen herausgebildet, die immer dann wirken, wenn zwei oder mehr Menschen miteinander handeln und agieren. Mehr unbewusst als bewusst „wissen" erfolgreiche Führungskräfte diese unsichtbaren Triebkräfte zu nutzen. Dass diese Energien sehr mächtig, übermächtig sein können, beweisen Religionen, Diktaturen, Massenveranstaltungen. Noch heute wundern wir uns, wie Millionen Menschen dem arbeitslosen Möchtegern-Künstler Hitler folgen konnten. Unfassbar ist die Tatsache, dass Sektenführer Hunderte Menschen in den scheinbar freiwilligen Suizid treiben. Aber auch positive Beispiele gibt es zuhauf. Da ist der Fußballtrainer, der aus einem Haufen erfolgloser Hinterher-Renner eine Erfolgstruppe macht. Hier agiert ein neuer Firmenchef, der den Laden vor dem sicher geglaubten Ruin rettet und alle Mitarbeiter begeistert. Abends sehen wir eine Frau auf der Bühne, die nichts weiter macht als zu reden – und alle hören gebannt zu.

Nun befinden wir uns in einer sehr komfortablen Lage, denn die Kräfte, die bei all diesen Vorgängen wirken, sind nicht mehr geheim oder mysteriös, sondern bereits gut erforscht. Da ist es sehr hilfreich, dass sich im Laufe der vergangenen Jahre in den so genannten Sozial- und Geisteswissenschaften zwei Revolutionen ereignet haben. Die eine hat mit dem Computer und seinen Leistungen zu tun, denn wir können zunehmend besser und genauer mit Hilfe Bild gebender Verfahren das Verhalten von Menschen beobachten und analysieren. Die zweite bezieht sich auf die Wissenschaftler selbst. Sie kooperieren über Fachgrenzen hinweg und kommen so zu erstaunlichen Ergebnissen. Diese betreffen sowohl das Verhalten von Menschen als Führungskraft als auch in der Gruppe. Sie verbinden Erkenntnisse von Neurologen, Psychologen und Verhaltensforschern miteinander, denn der Mensch ist kein Puzzle, sondern ein in sich geschlossenes System. Sehen wir uns darum einige der wichtigsten Resultate an.

2.1 Menschen als Haufen

Fast jede Organisation arbeitet heute mit Teams. Das liegt ganz einfach daran, dass wir in einer hochkomplexen Welt leben, in der es Alles-Könner gar nicht mehr geben kann. Der zweite Grund liegt an den bereits genannten Vorteilen des gemeinsamen Handelns. Der Erfolg der ganzen Truppe hängt nun ganz wesentlich davon ab, ob und wie das Team motiviert ist, wie es arbeitet. Dies wiederum beruht fast ausschließlich auf Kommunikation. Nun sind in den letzten Jahren Vorstellungen von der Leistungsfähigkeit eines Teams im Umlauf, die unsere Arbeit befördern, aber auch bremsen können. Die Vorstellung vom Team als Wunderwaffe für jeden Zweck resultiert daraus, dass sie überall existiert. Es gibt kaum noch Stellenanzeigen, in denen der Begriff Teamfähigkeit nicht auftaucht. Für jede Aufgabe wird ein Team ins Leben gerufen. Es scheint, als ob alle Aufgaben nur im Team zu lösen wären. In der Wirtschaft, in der Verwaltung und im Mannschaftssport verwenden alle wie selbstverständlich diesen Begriff. Was aber ist ein Team?

Bei Licht betrachtet ist es eine soziale Gruppe, sind es mehrere Menschen, die nicht allein, sondern gemeinsam an einer Aufgabe arbeiten oder auch nur ein gemeinsames Merkmal besitzen. Das vereinte Handeln liegt – wie wir gesehen haben – in der Natur des Menschen. Ein Team ist nichts anderes als eine Gruppe von Menschen, die dauerhaft oder für einen kurzen Zeitraum zusammengestellt wurde oder sich freiwillig zusammenfindet. Es ist aber vor allem eine Ansammlung von Menschen, in der vielfältige und manchmal wundersame Prozesse ablaufen. Sehen wir uns also genauer an, was geschieht, wenn mehrere Menschen einen Haufen bilden und welche Auswirkungen dies für unseren eigenen Erfolg haben kann.

a) Gruppen und ihre Normen

Jeder Mensch ist in jeder Phase seines Lebens Teil einer Gruppe. In einer Familie ist er Kind oder Elternteil. Im Kindergarten oder in der Kindertagesstätte ist er Teil einer Gruppe. In der Schule ist er Mitglied der Gruppe Klasse, in der Ausbildung, beim Studium, bei der Arbeit, im Sportverein, im Chor… immer. Diese unterschiedlichen

Gruppen bilden bestimmte Normen heraus, welche den einzelnen Mitgliedern meist nicht bewusst sind, die auch oft nicht aufgeschrieben oder anderweitig festgelegt sind. Menschen, die in bereits bestehende Gruppen integriert werden, erkennen diese ganz speziellen Verhaltensweisen aber sehr schnell, meist durch Beobachtung. Sie sehen sich einfach an, wie die anderen Mitglieder der Gruppe miteinander kommunizieren und agieren. Danach richten sie ihr eigenes Handeln aus, um von der Gesamtheit akzeptiert zu werden. Die Gruppennormen haben Vorteile: Sie bieten dem Einzelnen Sicherheit und einen erprobten Maßstab, an dem er sich orientieren kann. Zugleich geben sie ihm das wohlige Gefühl, Mitglied einer Gemeinschaft zu sein.

Diese positive Emotion ist ein nicht zu unterschätzender Faktor, wenn es um das eigene Team geht. Hier spielt immer auch der unbewusste Wunsch eine Rolle, einer möglichst starken Gemeinschaft anzugehören. Je erfolgreicher und stärker diese bereits ist, umso williger ordnen sich die Neuen den bereits bestehenden Normen unter. Darum ist es wichtig, neuen Gruppenmitgliedern von Anfang an zu zeigen, dass diese starke Gemeinschaft bereits existiert. Wenn man dies bei dem neuen Gruppenmitglied erreicht hat, verhält es sich sehr schnell loyal gegenüber den anderen; es identifiziert sich mit den Normen und übernimmt die Handlungen der gesamten Gruppe.

b) Wir und die anderen

Amerikanische Psychologen haben in den vergangenen Jahrzehnten verschiedene Gruppenexperimente mit Kindern, Jugendlichen und Erwachsenen durchgeführt. Sie haben völlig willkürlich Gruppen zusammengestellt und beobachtet, wie die eine auf die andere reagiert. In einem Ferienlager teilten die Wissenschaftler Jungen in zwei Teams. Die Jungen schliefen in getrennten Zelten und beschäftigten sich tagsüber mit jeweils anderen Aufgaben. Nach relativ kurzer Zeit hatten sich Gruppenstrukturen herausgebildet, es gab Gruppen-Namen und Hierarchien. Im zweiten Schritt stellten die Versuchsleiter Aufgaben, um beide Gemeinschaften anzuregen, in Konkurrenz bzw. Rivalität zur jeweils anderen zu gehen, was auch glückte. Eine Gruppe verbrannte nach einer Niederlage in einem Spiel die Fahne der anderen; man rächte sich, es gab Rangeleien und Beschimpfungen. Innerhalb der Gruppen zeitigten die Kämpfe aber ebenfalls Veränderungen, denn weniger durchsetzungsstarke Anführer wurden durch aggressiver auftretende ersetzt. Im dritten Schritt sollten die Rivalitäten wieder abgebaut und alle zur Kooperation miteinander gebracht werden. Dies gelang, indem die Mitglieder beider Gruppen zuerst bei angenehmen Tätigkeiten Kontakt zueinander fanden – die Spannungen wurden dadurch jedoch noch nicht beseitigt. Erst als alle eine Aufgabe zu lösen hatten, welche die Anstrengung aller erforderte, wurden die Spannungen geringer. Zugleich lösten sich allmählich auch die ursprünglichen Gruppen als solche auf.

Eine der interessantesten Tatsachen bei solcherart Versuchen ist, dass Kriterien, um einer Gemeinschaft anzugehören, völlig willkürlich gewählt werden können. Die Zugehörigkeit beruht demnach weder auf irgendwelchen Leistungen noch anderen Sachverhalten, welche die eine Gruppe hervorhebt. Es ist also egal, nach welchen Kriterien man Menschen in Gruppen einteilt, sie werden immer das Gefühl haben, zusammenzugehören und etwas Anderes (Besseres) zu sein als die anderen. Man mag dies bedauern oder darüber den Kopf schütteln. Tatsache ist, dass wir in den meisten Fällen nichts dagegen unternehmen können. Im Gegenteil, man sollte dieses Phänomen für die eigene Gruppe ausnutzen, indem man sie stärkt und den Gruppenmitgliedern immer das Gefühl gibt, Teil einer besonderen Gemeinschaft zu sein und miteinander zu wachsen. Dafür eignen sich Veranstaltungen, aber auch gemeinsame Weiterbildungen, Seminare, Ausflüge, Rituale…

c) Soziale Erleichterung

Menschen arbeiten miteinander, ziehen an einem Strang, erledigen gemeinsam oder parallel eine Aufgabe. Dann empfinden sie das häufig als Erleichterung. Wir alle kennen dies aus unserem Alltag. Wer eine schwere oder ungeliebte Arbeit erledigen muss, wird sich freuen, wenn er dies nicht allein tut. Das kommt daher, weil Menschen sich in der Gruppe wohler fühlen, weil die Arbeit schneller beendet ist, sie die Verantwortung nicht allein tragen müssen und miteinander reden.

Für einen Wohnungs-Umzug, den Hausbau oder beim leidigen Reinigen der eigenen vier Wände ist dies auch richtig. Der Effekt der Erleichterung tritt immer dann auf, wenn Menschen parallel etwas erledigen oder jeder an genau einer Teilaufgabe arbeitet. Anders jedoch sieht es schon aus, wenn mehrere an einer Aufgabe sitzen, sie sich abstimmen müssen, Einzelaufgaben verteilen und bestimmte Regeln festlegen. Dann kann ein anderer Effekt eintreten, der vielen Zeitgenossen sehr entgegen kommt. Der Name sagt bereits alles:

d) Soziales Bummeln

Wenn man das Wort Team als Abkürzung betrachtet, kann man es auch so beschreiben: Toll, ein anderer macht's. Die Sozialpsychologie kennt diese Erscheinung unter dem oben stehenden Begriff. Verschiedene Untersuchungen haben gezeigt, dass Menschen sich auf andere verlassen, wenn sie in der Gruppe an einer Aufgabe gemeinsam arbeiten. Viel unbewusster als bewusst geben sie dabei einen Teil der Verantwortung an die anderen Gruppenmitglieder ab. Da spielt es meistens auch keine Rolle, ob die Aufgabe interessant oder uninteressant ist. Verstärkend wirkt bei männlich dominierten Gruppen, dass dieser Effekt bei ihnen häufiger auftritt als bei Frauen, denn Männer streben, im Gegensatz zu Frauen, eher nach Macht denn nach sozialem Gefüge und Harmonie. Abgeschwächt oder sogar ausgelöscht werden diese Effekte jedoch, wenn man aus der Gesamtaufgabe Einzelaufgaben herauslöst, die nur einer erledigen kann. Parallel muss dem Betreffenden klar gemacht werden, wie bedeutend diese Aufgabe für den Gesamterfolg ist. Wer also die Gruppe als Ganzes erfolgreich machen will, sollte nicht alle an einer Aufgabe gleichzeitig arbeiten lassen, sondern die Gesamtaufgabe aufteilen. Das hat den Effekt, dass der Einzelne zusätzlich motiviert wird, weil er die Verantwortung nicht abgeben kann, seine Einzelaufgabe separat abzurechnen ist und er bei Misserfolg jenen der gesamten Gruppe gefährdet.

e) Das Märchen vom Sturm im Gehirn

Wir befinden uns in den USA in den fünfziger Jahren des vergangenen Jahrhunderts. Der Inhaber einer großen Werbeagentur, Alex Osborne, kommt auf eine ebenso einfache wie geniale Idee – scheinbar. Da bei einer Werbeagentur am laufenden Band neue und kreative Ideen entwickelt werden müssen, bringt der Chef seine Mitarbeiter zusammen und erhofft sich dadurch, dass diese in weniger Zeit mehr und bessere Ideen erzeugen. Weil nach Ansicht des Inhabers während dieser Zusammenkünfte ein frischer Wind durch die Gehirne der Anwesenden fegt, nennt er diese neue Form der Ideenfindung Brainstorming. Damit auch möglichst viele kreative Ideen entstehen, stellt Osborne verschiedene Regeln auf, die allesamt einem Ziel dienen: es sollen möglichst viele Ideen hervorgebracht, keine darf kritisiert werden.

Psychologen war diese Art des Gehirnsturms nicht ganz geheuer. Schon wenige Jahre, nachdem Osborne seine Idee veröffentlichte, stellten sie verschiedene Untersuchungen an. Ihre Erkenntnisse beweisen in den meisten Fällen das genaue Gegenteil von dem, was viele auch heute noch glauben: Einzelpersonen erzeugen in derselben Zeit nicht nur mehr, sondern auch mehr gute Ideen als Personen in der Gruppe. Das ist nicht das, was sich alle vom Bregensturm erhoffen! Der Grund dafür liegt in einer verzerrten Wahrnehmung. Menschen in der Gruppe haben einfach mehr Spaß, Ideen zu produzieren als allein vor sich hinzubrüten. Hinzu kommt ein Effekt, dem die Forscher den Namen Trittbrettfahrt gegeben haben. Einzelne Gruppenmitglieder springen auf die Ideen der anderen auf und ruhen sich auf deren Leistungen aus. Ein dritter Grund, warum Menschen glauben, dass Brainstorming mehr bringt: Einzelkämpfer sind einfach gezwungen, Ideen zu entwickeln, weil diese auch nur allein abrechenbar sind. Darum strengen sich Menschen – allein mit einer Aufgabe – mehr an. Um es noch einmal ganz klar zu sagen: Brainstorming bringt wenig, wenn eine Gruppe vor eine Aufgabe gestellt wird, wenn sie kreative Lösungen finden soll – das haben viele Untersuchungen zweifelsfrei ergeben.

Was bedeutet dies fürs Team? Wenn es darum geht, neue Ideen zu finden, sollten im ersten Schritt die Mitglieder der Gruppe allein nach Lösungen suchen – jeder für sich. Erst wenn jeder eine zuvor (exakt) festgelegte Anzahl von ihnen gefunden hat, kann man sie in der Gruppe diskutieren. Dies hat den Vorteil, dass jeder gezwungen ist, Ideen zu liefern und unbewusst mit den anderen in einen Wettstreit um die besten tritt.

Nun stellt sich aber noch die Frage, warum Brainstorming allerorten als Kreativitätstechnik angepriesen und verwendet wird, wenn sie in der geschilderten Form kontraproduktiv ist? Die Antwort liegt wieder in unserer Eigenschaft, ein soziales Wesen zu sein. Menschen haben mehr Spaß daran, in der Gemeinschaft zu arbeiten, als allein vor sich hin zu brüten. Sie möchten sich austauschen und das Gefühl haben, gemeinsam ein Resultat gefunden zu haben. Dass dieses gemeinschaftlich gefundene weniger kreativ ist, können sie natürlich nicht nachprüfen, denn sie haben ja einzeln gar nicht erst versucht, zu verschiedenen Lösungsansätzen zu kommen.

f)   Machen, was alle machen

Bereits aus den vierziger Jahren des vergangenen Jahrhunderts stammt ein klassisches Experiment. Einer Gruppe wurden zwei Kästchen gezeigt, in denen unterschiedlich lange Striche zu sehen waren.

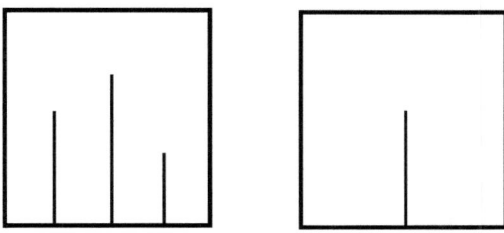

Die Gruppenmitglieder sollten nun entscheiden, welche der Linien im linken Kasten genauso lang ist wie jene im rechten. Dies ist offensichtlich die linke der drei Linien. Die überwiegende Mehrheit der Gruppenmitglieder war aber so instruiert, eine falsche Lösung zu bieten. Sie sagten also, die einzelne Linie im rechten Kasten ist genauso lang wie die mittlere Linie im linken Kasten. Obwohl diese Lösung so augenscheinlich falsch war, ließen sich andere, die nicht instruiert waren, regelmäßig dazu verleiten, die falsche Gruppenmeinung zu übernehmen.

Menschen besitzen den Drang, sich so zu verhalten wie die Mehrheit der Gruppenmitglieder. Dieser Druck zur Konformität ist offenbar so stark, dass er selbst dann wirkt, wenn die Mehrheit der Gruppenmitglieder sichtbar falsch entschieden hat – wie im Beispiel mit den drei Linien. Er wird sogar noch größer, wenn die Anzahl der Gruppenmitglieder wächst. Wenn also fünfzig Menschen auf einer falschen Meinung beharren, wird der Einzelne sich dieser leichter anschließen, als wenn nur fünf diese Meinung vertreten.

Das Phänomen der Konformität ist aber nicht ausschließlich negativ, denn sonst hätte es die Evolution wahrscheinlich schon längst aussortiert. Konformität rührt daher, dass Menschen sich in vielen Situationen schnell entscheiden müssen. Sie haben oft nicht genügend Zeit, um verschiedene Varianten durchzuspielen oder lange über das Für und Wider verschiedener Wege nachzudenken. Das lässt sich sehr leicht im Alltag beobachten. Wer zum Beispiel in einer fremden Stadt mit der U-Bahn fährt und nach dem Aussteigen nicht weiß, ob er nach links oder rechts gehen soll, weil er fremd ist, orientiert sich automatisch an den anderen Fahrgästen. Dieses Verhalten ist logisch und effektiv, denn die meisten Fahrgäste werden den richtigen Weg wählen – sie kennen sich hier aus.

Bei einem US-amerikanischen Shopping-Sender hatte man erkannt, wie man dieses Konformitäts-Prinzip anwenden und durch die leichte Änderung eines einzigen Satzes die Verkaufszahlen erhöhen kann. Wenn ein Produkt vorgestellt wurde, sagte die Moderatorin normalerweise: „Alle Leitungen sind frei, bitte rufen Sie jetzt an." Nun transportiert die Äußerung, dass alle Leitungen frei sind, unterschwellig eine viel wichtigere Botschaft. Wenn alle Leitungen frei sind, ruft kein Schwein an. Warum nicht? Ist das Produkt gar nicht so toll? Ist es zu teuer?

Weil bei dem Satz „Alle Leitungen sind frei, bitte rufen Sie jetzt an." die Verkaufszahlen dahindümpelten, änderte die Moderatorin ihn geringfügig. Sie sagte nun: „Wenn unsere Leitungen besetzt sein sollten, rufen Sie bitte später noch einmal an." Diese kleine Änderung sandte den Fernsehzuschauern auch eine unterschwellige Botschaft: Wenn die Leitungen besetzt sind, bedeutet dies, dass viele andere Menschen dieses Produkt haben wollen. Dies wiederum kann nur heißen, dass das Produkt gut sein muss. So viele Menschen können sich einfach nicht irren. Also muss ich zusehen, dass ich eine freie Leitung erwische.

Das Phänomen des konformen Handelns können nicht nur Verkaufssender nutzen, sondern auch Führungskräfte in ihrer täglichen Arbeit. Zuerst einmal, wenn es darum geht, eine Gruppe zu bilden, also ein Team. Hier geht es darum, die Mitglieder dieses Teams dahin zu bringen, dass alle in den wichtigsten Fragen, welche die Arbeit der Gruppe betreffen, übereinstimmen. Das bedeutet nicht, mechanische Ja-Sager und Automaten heranzuziehen. Es geht vor allem darum, dass immer genau dann alle strittigen Fragen geklärt werden, wenn sie auftauchen – nicht erst Tage später. Positiv wirkende Konformität kann man also erzeugen, wenn sich die einzelnen Teammitglieder über die wichtigen Dinge einig sind, sie einander Informationen zukommen lassen, Strittiges aus der Welt räumen und Unausgesprochenes beim Namen nennen. Neue Teammitglieder werden sich in einer solchen Gruppe sofort heimisch fühlen und gern die Gruppennormen übernehmen, denn sie sehen ja, dass die Mannschaft als Ganzes erfolgreich ist.

g)   Ansteckung erzeugen

Als Goethe seinen Roman „Die Leiden des jungen Werthers" veröffentlicht hatte, nahmen einige Leser dieses Buch zum Anlass, sich umzubringen. Sie hatten die Tat des unglücklichen Helden nachgeahmt. Dieser Nachahmungs-Effekt bekam von den Psychologen den Namen „Werther-Effekt". Er besagt, dass Menschen einen Selbstmord imitieren, wenn er von den Medien publiziert wird. Dies ahnten auch die Stadtväter von Leipzig, denn ein Jahr nach Veröffentlichung des Buches verboten sie die weitere Verbreitung des Romans und die im Buch beschriebene besondere Kleidung des unglücklich Verliebten: blauer Frack, gelbe Weste, gelbe Kniehosen und grauer Filzhut.

Auch anderswo konnte man nachweisen, dass Menschen sich von anderen anstecken lassen. Im Jahr 1962 brachen in der Nähe des afrikanischen Victoriasees zwei Schülerinnen in einen Lachkrampf aus. Dieser pflanzte sich über Kilometer fort und betraf am Ende mehr als tausend Personen. Das als „Tanganjika-Lachepidemie" bekannt gewordene Ereignis zeigt eindrucksvoll, dass Menschen sich auch von Gefühlen anstecken lassen. Mittlerweile glauben die Wissenschaftler, dass sich solche sozialen Verhaltensweisen sogar nach mathematischen Gesetzmäßigkeiten ausbreiten. Warum das so ist, kann allerdings noch niemand mit Sicherheit sagen. Wahrscheinlich liegt es am bereits genannten positiven Gefühl, einer Gruppe anzugehören, denn in dieser fühlt sich der Einzelne stärker. Wer also sein Team dazu veranlassen will, positive Handlungen nachzuahmen, sollte zuvor ein positives Gruppengefühl aufbauen: Wir gegen den Rest der Welt. Es sollte Autoritäten geben, die sich allerdings durch Leistung, nicht durch bloßes Gerede hervortun. Und schließlich geben alle Formen gemeinsamen Handelns jedem Einzelnen das gute Gefühl, der richtigen Gemeinschaft anzugehören.

h)   Anker und Rahmen setzen

Wie hoch ist der Berliner Fernsehturm? Höher als 150 Meter oder höher als 400 Meter? Mein letzter Kunde hat für dieselbe Leistung 1.000 Euro gezahlt. Wie viel werden Sie also bezahlen? Unsere Mitarbeiter machen durchschnittlich 30 Überstunden im

Jahr. Das ist bei uns so üblich. Dieses wunderschöne Haus mit Seeblick hat einen Wert von 2 Millionen Euro. Ist die durchschnittliche Jahrestemperatur in Deutschland höher oder niedriger als 20 Grad? Oder ist sie höher bzw. niedriger als 5 Grad?

All diese Äußerungen haben mit einem Phänomen zu tun, das der Nobelpreisträger Kahneman als einen der „zuverlässigsten und robustesten Befunde der experimentellen Psychologie" bezeichnet. Wir haben es hier mit der Erscheinung des „Ankers" zu tun, der das Denken anderer beeinflusst. Erfolgreiche Menschen – nicht nur Führungskräfte – wissen darum, auch wenn ihnen vielleicht nicht klar ist, dass dieses Phänomen so heißt.

Bevor wir zu einem einfachen Test kommen, den jeder im Freundeskreis durchführen kann, berichte ich von einem Aufsehen erregenden Versuch aus den USA. Verschiedene Richter mussten sich die Gerichtsakte eines Mannes durchlesen, der wegen Vergewaltigung angeklagt war. Nachdem sich die Richter mit dem Fall vertraut gemacht hatten, rief ein Journalist an und fragte einen Teil der Richter: Wird die Strafe höher oder niedriger ausfallen als drei Jahre? Die andere Gruppe Richter fragte derselbe Journalist: Wird die Strafe höher oder niedriger ausfallen als ein Jahr? Das durchschnittliche Strafmaß (in der Antwort der Richter) lag in der ersten Gruppe (höher oder niedriger als drei Jahre?) bei 33 Monaten; bei der anderen Gruppe (höher oder niedriger als ein Jahr?) nur bei 25 Monaten. Der Angeklagte sollte also acht Monate mehr bekommen, weil ein Journalist die Richter anrief! Wie kam es dazu? Der Reporter hatte durch seine Frage einen gedanklichen Anker gesetzt, einen Punkt, an dem sich die Angerufenen unbewusst orientierten. Dieser Anker war in seiner Frage „ein Jahr" bzw. „drei Jahre".

Wer jetzt vorschnell die leichtsinnigen Amerikaner belächelt, sollte erst weiterlesen. Der Versuch wurde auch in Deutschland durchgeführt. Hier ging es nicht um Vergewaltigung, sondern um einen Ladendiebstahl. Den erfahrenen Richtern, die alle dieselbe Beschreibung der Ladendiebin lasen, gab man, bevor sie sich für das Strafmaß entschieden, einen manipulierten Würfel. Dieser zeigte entweder drei oder neun Punkte. Die Richter würfelten also. Anschließend sollten sie das Strafmaß festlegen. Jene, die neun Punkte gewürfelt hatten, tendierten zu acht Monaten; jene mit drei Punkten tendierten zu fünf Monaten. Die Frau hatte also – wenn der Fall real gewesen wäre – vielleicht drei Monate weniger oder länger sitzen müssen – und das alles nur wegen eines Würfels, der einmal drei oder neun Punkte zeigt!

Wir sehen also, dass ein Anker auch dann funktioniert, wenn er mit dem eigentlichen Sachverhalt rein gar nichts zu tun hat. Dass gewisse Schutzmechanismen in der Justiz vorhanden sind, bestärkt nur die Bedeutung dieses Mechanismus'. Jeder kann mit dem folgenden kleinen Versuch selbst testen, wie solche Fixpunkte funktionieren. Stellen Sie einer Person folgende Aufgabe. Sie soll Ihnen sagen, wie viel Benzin man benötigt, um einen Jumbojet vollzutanken, mehr als 500 Liter oder weniger? Fragen Sie nach einer konkreten Zahl. Dann fragen Sie eine andere Person, wie viel Benzin man benötigt, mehr als 50.000 oder weniger? Auch hier fordern Sie eine konkrete Zahl. Die zweite Person wird vermutlich eine höhere Zahl nennen als die erste. Das liegt daran, weil der Fragende einen Anker gesetzt hat, an dem sich die Antworten orientieren. Die erste Person hat den Anker 500 gehört und wird diese Zahl als zu niedrig einschätzen. 500 Liter? Vielleicht 1.500. Die zweite wird 50.000 als zu hoch einschätzen und darum weniger schätzen. Vielleicht 15.000?

Dieses Prinzip machen sich Verkäufer zu Nutze. Sie nennen keinen geraden Preis, sondern lieber einen ungeraden. Psychologen haben untersucht, ob und wie sich diese Preisangabe auf den Verkauf auswirkt. Immobilienhändler, die ihre Häuser mit einem ungeraden Preis angeboten haben, konnten diese Häuser besser verkaufen. Und noch einen zweiten Vorteil brachte der ungerade Preis. Als der Markt für Immobilien einbrach, waren die Verluste bei den Häusern, welche für einen glatten Preis zu haben waren, sogar höher als bei den anderen. Auch wenn wir alle wissen, dass die Preise bewusst ungerade kalkuliert sind, erscheint das Objekt der Begierde bei einem ungeraden Preis fair kalkuliert. Es macht eben doch einen Unterschied, ob ich ein Haus für 300.000 € oder 295.400 € kaufen oder verkaufen möchte.

Bei einem anderen Experiment zeigte man Immobilienmaklern die Verkaufsbroschüre eines Hauses. Die Fachleute hatten zugleich die Möglichkeit, das Gebäude ausgiebig zu besichtigen, um anschließend den Wert der Immobilie zu schätzen. Die ganze Aktion hatte nur einen kleinen Haken. Ein Teil der Makler sah in der Broschüre einen Preis, der weit unter dem Listenpreis lag; die anderen Makler sahen in der Broschüre einen Preis, der weit darüber lag. Dass die von den Maklern nach ausgiebiger Besichtigung des Objekts angegebenen Verkaufspreise stark voneinander abwichen, ist jetzt schon fast klar. Interessant ist, dass sie Stein und Bein schworen: Der in der Broschüre angegebene Preis hat mich in meiner (professionellen) Expertise nicht beeinflusst. Natürlich nicht!

Das Anker-Phänomen sieht man auf einem Basar, wenn der Händler zuerst einen Preis nennt, der selbstverständlich weit über dem halbwegs realen liegt. Man findet es auch überall dort, wo Menschen nicht in der Lage sind, einen realen Preis einzuschätzen. Das Phänomen wird zusätzlich verstärkt durch die Art und Weise, wie Produkte gekauft werden. Das Unterbewusstsein und die Emotionen haben sich schon längst für den Kauf entschieden, wenn das Bewusstsein und die rationale Entscheidung noch gar nicht wissen, dass überhaupt etwas gekauft werden soll. Deutlich wird das bei einem Auto, das zu viel Benzin verbraucht, aber schick und modern ist. Auch das dreißigste Paar Schuhe, das völlig überflüssig ist, wird im ersten Schritt vom Unterbewusstsein und den Emotionen gekauft. Erst im zweiten nehmen Unterbewusstsein und Gefühle alle Argumente, die sie nur kriegen können und bearbeiten die rationale Entscheidung, dass es doch sooooo wichtig sei, genau diese Schuhe zu besitzen.

Auch sonst kann man im Alltag in verschiedenen Kommunikations-Situationen Anker setzen. Bevor wir auf den Preis eines Produkts zu sprechen kommen, zählen wir dessen Leistungen auf. Diese werden sich über dem Niveau eines ähnlichen Produkts bewegen. Im zweiten Schritt wird der Preis festgelegt und in verschiedenen Varianten genannt, zum Beispiel Kosten pro Tag in Cent. Der Preis ist nun der Anker. Im letzten Schritt nennen wir dann den wirklichen Preis und begründen noch einmal, warum er niedriger ist. Eine andere Möglichkeit, um einen Anker zu werfen, haben wir zum Beispiel, um Forderungen durchzusetzen. Ein Abteilungsleiter, ein Teamleiter oder eine andere Führungskraft möchte etwas durchdrücken, das über das Pensum des normalen Arbeitstags hinausgeht. Er will, dass seine Mitarbeiter in den nächsten vierzehn Tagen jeden Tag eine Stunde dranhängen, weil ein bestimmtes Projekt fertig werden soll. Im ersten Schritt argumentiert er mit einer Mehr-Arbeitszeit von drei Stunden pro Tag. Das hat zur Folge, dass die Hörer die folgende Argumentation unter dem Blickwinkel dieser drei Stunden betrachten. Am Ende der Diskussion stellt sich jedoch heraus, dass lediglich eine Stunde vonnöten ist, weil das Team gut ist, weil man den eigenen Leuten vertrauen kann, weil der Teamleiter weiß, was er an seinen Leuten hat. Der erfolgreiche Chef hat also mehrere Fliegen mit einer Klappe geschlagen, wenn er wie beschrieben vorgeht. Er hat seine Forderung durchsetzen können, das Team parallel motiviert, es gelobt und sich letzten Endes sogar noch als ein Chef dargestellt, mit dem man ja reden kann – und der trotzdem nicht völlig von seiner Forderung abweicht.

Besonders heikel jedoch wird der geworfene Anker, wenn er von der Mannschaft einer Hilfsorganisation gesetzt wird, denn hier wirkt verschärfend, dass diese Organisation immer – und sei es auch nur unterschwellig – an unser schlechtes Gewissen appelliert. Wie viel würden Sie im Jahr für die Deutsche Krebshilfe ausgeben? Mehr oder weniger als 150 Euro? Auch bei anderen Geldfragen sind häufig Anker mit im Spiel. Wenn wir eine Aktie kaufen, die vom Händler angepriesen wird, wenn es darum geht, jetzt zu kaufen, weil so billig und überhaupt…

Privat funktioniert das Prinzip Anker natürlich genauso gut. Im ersten Schritt wird eine Forderung erhoben, die über dem eigentlich Notwendigen liegt (zwölf Stunden im Garten arbeiten, im Urlaub auf vier Achttausender klettern, jeden Tag das Zimmer aufräumen, vier Stunden täglich Hausaufgaben machen…). Nachdem die Gesprächspartner über die Forderung gesprochen haben, macht der Fordernde im letzten Schritt einen Rückzieher und fordert nur noch einen Teil davon. Die Reaktion seines Kommunikations-Partner, der alles an der zuerst gehörten Forderung ausrichtet: Ist ja gar nicht so schlimm, das kann ich verkraften.

Wie kann man sich aber erfolgreich dagegen wehren, dass Anker-Effekte sich nachteilig für uns auswirken? Auch dazu hat die Wissenschaft mehrere Antworten parat. Der Anker ist nach Möglichkeit auszublenden, zu ignorieren. Wenn möglich, sollte man in den bekannten Situationen vermeiden, dass die andere Seite überhaupt einen Anker setzen kann. Man fordert die Gegenseite auf, keine Zahl, keinen Preis zu nennen, wir möchten nichts hören, was unsere Aufmerksamkeit unweigerlich in eine falsche Bahn lenken könnte. Zugleich sollte man bewusst auf die Sache fokussieren, nicht auf Zahlen. Parallel hilft es, nachprüfbare Fakten zu sammeln, die – wenn auch nur in Gedanken – für unsere Gegenargumentation verwendbar sind. Dazu ein persönliches Beispiel: Seit einem Jahr suche ich sporadisch ein neues Rennrad. Am Anfang stand ein Gespräch mit einem Experten. Danach wusste ich, worauf zu achten ist, auf welche Kriterien ich fokussieren musste (Farbe war keines davon). Eine Recherche im Internet zeigte mir sehr schnell, dass ich mich auf ca. 1.100 bis 1.400 Euro einstellen musste, wenn ich ein Rad mit den geforderten Komponenten kaufen wollte. Jetzt kam es darauf an, die Suche auszudehnen. Und siehe da: Ich wurde fündig und bezahlte am Ende 720,- Euro.

i)   Ich verpflichte mich

Wir befinden uns in Chicago in den neunziger Jahren. In einem Restaurant müssen Gäste einen Termin vereinbaren und einen Tisch reservieren. Immer häufiger jedoch kommt es vor, dass die Besucher zwar einen Tisch bestellen, aber dann nicht absagen oder nicht auftauchen. Die Dame, welche die Bestellungen telefonisch annimmt, bittet die Kunden abzusagen, wenn sie ihre Bestellung nicht mehr benötigen. Sie sagt am Ende des Telefonats ungefähr folgendes: „Bitte rufen Sie an, wenn sich etwas ändern soll." Wenn der potentielle Gast dies hört, muss er nicht antworten. Er kann dieser Aufforderung nachkommen oder es bleiben lassen. Nun hatte der Restaurantbesitzer irgendwann die Nase voll. Er wollte die Anrufer verpflichten, sich zu melden, dies aber mit sanftem Druck tun. Der Chef instruierte die Dame am Telefon und – siehe da – eine kleine Änderung hatte wirklich Erfolg. Mehr Gäste als zuvor riefen an, wenn sie ihre Bestellung stornieren wollten oder sich sonst etwas geändert hatte. Die Dame am Telefon änderte ihren Satz nur geringfügig, sie sagte nun: „Würden Sie bitte anrufen, wenn sich ihre Pläne ändern?" Dann wartete sie, bis die Hörer am anderen Ende zustimmen und „Ja." sagten. Damit legten sich die Gesprächspartner fest, eine bestimmte Handlung auszuführen. Dieses Prinzip heißt Konsistenz. Es bedeutet, dass Menschen, wenn sie sich erst einmal auf etwas festgelegt haben, auch so handeln wollen und es in vielen Fällen dann auch wirklich tun. Wer also zusagt, bei einer Termin-Änderung im Restaurant anzurufen, ist eine Verpflichtung eingegangen. Dieses Prinzip funktioniert fast zwanghaft, denn wir alle möchten konsequent zu dem erscheinen, was wir gesagt haben. Das hat natürlich einen Grund. Menschen, die ihren Handlungen Taten folgen lassen, werden im Allgemeinen als persönlich stärker und gereift angesehen. Besonders Eltern wissen, dass das Konsistenzprinzip ein überaus mächtiges ist. Wenn sie ihren quengelnden Kindern etwas versprechen (Ja, nächste Woche gehen wir ins Kino!), dann können sie sicher sein, dass die Kleinen sich daran erinnern. Um nicht als inkonsequent handelnde Person dazustehen, müssen die Erzeuger ihrer Aussage natürlich Taten folgen lassen.

Das Prinzip der Konsistenz kann man zum Beispiel bei Geschäftspräsentationen oder Verkaufsgesprächen nutzen. Hier zeigt sich, dass durchaus interessierte Personen am Ende doch noch abwinken, weil ihnen der Kauf zu teuer, zu plötzlich, zu unüberlegt oder einfach zu früh erscheint. Die Ursache für diese ablehnende Haltung liegt meist darin, dass Präsentierende ihre Gesprächspartner mit zu vielen Informationen versorgen und sie als passive Zuhörer betrachten. Besser ist es, jede Art der Präsentation mit dialogischen Elementen anzureichern und so die Hörer zu verpflichten, sich auf bestimmte Handlungen festzulegen. Das hat mindestens zwei Vorteile. Die Hörer sind aufmerksamer, als wenn sie nur konsumieren müssten. Zum Zweiten kann man bei noch unverbindlichen Themen ihre Zustimmung einholen, die sie dann durch Nicken – besser durch verbale Zustimmung – signalisieren sollten. Damit legen sie sich – für alle anderen sicht- oder hörbar – auf eine bestimmte Aussage fest, von der sie später nicht wieder so leicht abrücken können. Die eigene Aussage, die ein Mensch tätigt, wirkt zugleich auf das Selbstbild. Dieses wiederum bestimmt, was sie später sagen, wie sie später handeln werden. Schematisch sieht der Ablauf so aus:

Aussage eines Menschen → Einfluss auf sein Selbstbild → Einfluss auf eine spätere Aussage oder Handlung → Einfluss auf das Selbstbild

Damit diese Reihenfolge aber auch so funktioniert, müssen einige Bedingungen gegeben sein. Die Person muss freiwillig und öffentlich eine Aussage tätigen, eine Meinung kundtun, sich zu etwas bekennen. Im einfachsten Fall genügt es, wenn Zuhörer die Hand heben oder Gesprächspartner nicken. So können die jeweils anderen sehen, wer welche Meinung vertritt, wer wogegen stimmt, wer sich zu etwas bekennt. Menschen, die sehen, wie andere ein Statement abgeben, gehen wie selbstverständlich davon aus, dass diese Stellungnahme auch der Meinung desjenigen entspricht, der die Hand gehoben hat. Verstärkend wirkt bei diesem Vorgehen, dass Menschen im allgemeinen sehr wichtig ist, was andere von ihnen denken. Weil wir soziale Wesen sind, die nicht außerhalb einer Gemeinschaft leben können und wollen, ist es uns wichtig, welche Meinung andere von uns besitzen. Ist sie positiv, versuchen wir natürlich auch so zu handeln, dass diese Meinung gefestigt wird.

Der ägyptische Präsident Sadat versicherte seinen Gesprächspartnern vor (!) Verhandlungen, dass sie als faire Partner bekannt seien. Die fühlten sich nicht nur geschmeichelt, sondern versuchten dann auch, diesem Bild zu entsprechen. Wenn Menschen sich zu etwas verpflichten und dies auch kundtun, dann spüren sie von zwei Seiten Druck, von innen und außen. Nutzen lässt sich dies zum Beispiel bei Gesprächen, wenn man den Gesprächspartner mittels Fragen veranlasst, bestimmte Äußerungen zu tätigen: „Ich lege vor allem Wert auf Qualität, der Preis ist zweitrangig." Bei Monologen kann man Fragen stellen, welche die Hörer durch Handzeichen beantworten: „Darf ich Sie fragen, wer von Ihnen der Meinung ist, dass Atomkraftwerke so schnell wie möglich abgeschaltet werden müssen?" Wichtig ist, dass sich der Fragende merkt, welche Verpflichtungen der Kommunikationspartner eingegangen ist, um diese später in die eigene Argumentation einbeziehen zu können. „Wenn also so viele Menschen dafür sind, die Atommeiler abzuschalten, brauchen wir Alternativen. Ich denke an Solarstrom oder Windkraft…"

j)   Gib und dir wird gegeben

In Berlin kann man sie an vielen Straßenkreuzungen jedes Jahr aufs Neue beobachten – die Scheibenwischer auf zwei Beinen. Sie stehen und warten auf die nächste Rot-Phase. Dann schwärmen sie aus und malen auf die Frontscheiben der wartenden Autos mit schmutzigem Wasser ein Herz oder beginnen wie die Wilden zu wischen. Meist hilft kein Schütteln mit dem Kopf, kein Hupen, die freundlichen Putzengel lassen sich nicht abwimmeln. Wenn sie aber fertig sind und ihre Arbeit in der Kürze der Zeit mehr schlecht als recht erledigt haben, greift ein psychologisches Gesetz, das den schönen Namen Reziprozität trägt. Kein Autofahrer hat die meist jungen Putzer gebeten, die Autoscheibe zu verschmieren, aber viele geben trotzdem etwas Geld, was sich im Laufe des Tages zu einem hübschen Sümmchen anhäufen dürfte.

Dieses Verhalten basiert darauf, dass Menschen nur ungern eine Leistung empfangen oder ein Geschenk entgegennehmen, ohne sich zu revanchieren. Wir leben halt nicht gern mit einem Ungleichgewicht und versuchen demnach, es so schnell wie möglich wieder auszugleichen. Wer die Einladung zu einer Grillparty annimmt, fühlt sich verpflichtet, eine Gegeneinladung auszusprechen („Aber das nächste Mal kommt Ihr zu uns!"). Wer ein Geburtstagsgeschenk erhält, schenkt seinerseits – und achtet meist unbewusst darauf, dass der Wert der beiden Geschenke vergleichbar ist. Wer ein Buch aus der Grabbelkiste bekommt, wird keine Uhr mit eingelassenen Diamanten schenken.

Das Reziprozitäts-Prinzip greift bereits bei kleinen Warenproben, die wir unaufgefordert bekommen. Es hat seine Hand mit im Spiel, wenn man am Käsestand ein Stückchen probieren darf; es ist besonders wirkungsvoll, wenn Kunden sich das Probestückchen selbst abschneiden dürfen. Wer also bei seinen Kunden, Mitarbeitern oder seinem Team dieses Spiel vom Nehmen und Geben erzeugen will, ist gut beraten, die anderen selbst handeln zu lassen. Lassen Sie den anderen wichtige Punkte des Vertrags mitformulieren. Gehen Sie mit einem kleinen Geschenk, mit geschenkter Zeit, mit einer Einladung, einem Essen oder etwas anderem in Vorleistung. Geben Sie etwas, ohne eine Gegenleistung zu verlangen. Die Kommunikations-Partner sollten so viel wie möglich einbezogen werden und immer das Gefühl haben, dass sie hier bereits etwas bekommen, was nicht selbstverständlich ist.

Reziprozität erzeugt also ein Gefühl des Ungleichgewichts, wenn die eine Seite gibt, die andere Seite jedoch nur nimmt, ohne entsprechende Gegenleistung. In verschiedenen Experimenten hat man herausgefunden, dass dieses Prinzip auch helfen kann, den Rücklauf von Fragebögen zu erhöhen. Es haben weitaus mehr Menschen einen Fragebogen ausgefüllt und an den Absender zurückgeschickt, wenn sie sofort ein kleines Geschenk dafür bekommen haben und nicht erst warten mussten.

Die Wirksamkeit der Reziprozität-Regel beruht auf verschiedenen Ursachen. Es ist unangenehm, wenn wir einer anderen Person etwas schuldig sind. Menschen, die nur nehmen, ohne zu geben, sind bei ihren Mitmenschen zu Recht nicht gern gesehen. Findige Verkäufer oder Verhandlungsführer haben sich diese psychologische Gesetzmäßigkeit zu Nutze gemacht und daraus eine Taktik entwickelt, welche der Psychologe Cialdini als „Neu-verhandeln-nach-zurückweisen-Taktik" nennt. Diese kann man regelmäßig dann beobachten, wenn es um Tarifverhandlungen geht. Der fordernde Tarifpartner, die Gewerkschaft, stellt im ersten Schritt eine Mindestforderung. Diese jedoch ist so hoch, dass der Verhandlungspartner auf der anderen Seite sie unmöglich annehmen kann.

Die Gewerkschaft fordert in den Tarifverhandlungen zum Beispiel einen Lohnanstieg von 100 Euro, wohl wissend, dass dies überzogen ist. Wenn die andere Seite – wie erwartet – ablehnt, kommen die Gewerkschafter der anderen Seite ein Stück entgegen und reichen somit dem Verhandlungspartner die Hand. Die neue Forderung muss nicht unbedingt sehr klein sein, sie muss nur in Relation zur ersten kleiner erscheinen. Natürlich wissen beide Seiten um dieses Spiel, trotzdem wirkt es – und das ist das eigentlich Erstaunliche daran. Wenn am Ende statt der verlangten 100 Euro 60 übrig bleiben, haben sowohl die Gewerkschafter als auch die anderen Verhandlungspartner ihr Gesicht wahren können und beide einen Erfolg erzielt.

Die Taktik des neuen Verhandelns nach einer Zurückweisung wirkt auch seit Jahrzehnten bei Preisverhandlungen. Im Vorfeld legt das Unternehmen, welches ein Angebot unterbreiten soll, intern einen Preis fest, den es unter allen Umständen erreichen möchte. Im Angebot steht jedoch ein höherer Preis, damit auch der Kunde die Möglichkeit hat zu verhandeln und am Ende guten Gewissens sagen kann: Ich habe ein besseres Resultat erzielt und mich nicht über den Tisch ziehen lassen. Wenn also am Ende der Anbieter den zuvor intern festgelegten Preis erzielt, haben beide gewonnen. Diese Taktik erkennen wir auch, in abgewandelter Form, bei einem normalen Verkaufsgespräch. Wenn zum Beispiel ein Kunde in ein Fachgeschäft kommt, dann zeigen die Verkäufer den Kunden zuerst die teure Ware. Anschließend gehen sie mit dem Preis und natürlich auch mit der Qualität schrittweise nach unten. Der Kunde wird am Ende zwar nicht das teuerste Produkt wählen, aber auch nicht das preiswerteste, denn auch er möchte von seinen selbst gesetzten Qualitätsmaßstäben nicht allzu weit abrücken und sein Gesicht wahren.

Eine Studie in England hat gezeigt, dass Menschen zufriedener mit dem gesamten Kaufprozess sind, wenn sie das Gefühl haben, selbst entscheiden zu können und selbst etwas dafür getan zu haben, ein gutes Geschäft zu tätigen. Dies trifft auch für einen Vertrag zu. Wer selbst dafür verantwortlich ist, diesen mit ausgehandelt zu haben, wird sich eher an die einzelnen Punkte halten und den Vertrag als Ganzes erfüllen. Dabei spielt es keine Rolle, ob es sich um einen geschäftlichen oder privaten Vertrag handelt, ob dieser schriftlich fixiert oder nur mündlich vereinbart wurde. Es kommt immer darauf an, dass beide Seiten eine Einigung erzielen und jede Seite ihren Teil zum Gelingen beigetragen hat.

Auch wenn es darum geht, einen Vertrag zu unterschreiben – zum Beispiel einen Arbeitsvertrag –, kann man die beiden Prinzipien anwenden. In der Regel ist es so, dass die eine Seite die andere in genau eine Richtung drängen möchte. Hierbei ergibt sich nicht nur ein Ungleichgewicht, so dass sich der Vertragspartner unwohl fühlt. Er hat das unbestimmte Gefühl, zu einem Resultat gedrängt zu werden, das ihm gar nicht behagt. Viel besser ist es, wenn beide Seiten jeden einzelnen Punkt mit den Zielen und Wünschen des jeweils anderen abgleichen.

k)   Reaktanz

Wenn Menschen in ihren Handlungen, ihrem berechtigten Freiheitsdrang oder jenem nach selbstbestimmtem Handeln eingeschränkt werden, formieren sie verschiedene Formen des Widerstands dagegen. Sie ziehen sich in die innere Emigration zurück, boykottieren Anweisungen, sind aus zunächst unerfindlichen Gründen aggressiv, machen den berühmten „Dienst nach Vorschrift" und suchen nach anderweitigen Möglichkeiten, ihre Freiheit wiederzuerlangen. Erst jetzt, wenn sie ihnen genommen wurde, spüren sie nämlich, dass und wie wichtig ihnen diese war. Bemerkenswert ist, dass sich Reaktanz-Effekte über Wochen und Monate unbemerkt verfestigen können, bei der erstbesten Gelegenheit aber aufbrechen. Da wird ein Mitarbeiter plötzlich besonders aggressiv, wenn der Chef einen winzigen Fehler gemacht hat, ein anderer kämpft mehr als verbissen um einen neuen Posten, ein dritter legt demjenigen, der ihn um seine Freiheit betrogen hat, immer wieder kleine Steinchen in den Weg, welche sich am Ende zu einem großen Berg summieren. Um all diesen negativen Effekten aus dem Wege zu gehen, hilft nur, offen zu handeln, zu kommunizieren, zu agieren. Vorgesetzte sollten darum auch außerhalb festgesetzter Termine das Gespräch mit ihrem Mitarbeiter suchen, um im eher lockeren Gespräch herauszufinden, wo die Problemchen liegen, bevor sich diese zu einem Problem auswachsen können. Das Mitarbeitergespräch ist aber nicht nur hier ein wichtiges Instrument der Vorsorge. Es hilft auch, Konflikten vorzubeugen und Schwelbrände zu löschen.

l)   Selbstkonzept und Selbstwertgefühl

Der Psychologe Carl Rogers hat das Konzept des Selbst entwickelt. Es besteht aus allen Werten, Wahrnehmungen und Ideen, welche ein Mensch von sich selbst besitzt. Dieses Selbstbild muss notwendigerweise von der Realität abweichen, denn wir selbst sehen uns immer positiver und verzerren auch die Wahrnehmung der Umwelt anhand unseres Selbstbildes. Jeder Mensch aber ist bestrebt, die Realität mit dem selbst geschaffenen Bild seiner Person in Übereinstimmung zu bringen. Wenn nun das ideale und wirkliche Selbst eine möglichst große Schnittmenge besitzen, fühlt sich die entsprechende Person glücklich und ist mit sich zufrieden. Besonders wichtig ist in Gruppen-Situationen, dass Menschen ihr Selbstbild nicht verbiegen oder gar verleugnen müssen, weil sie sonst zum Störfaktor werden. Wer also seine Pappenheimer kennt, wer weiß, welches Gruppenmitglied welches Idealbild von sich aufgebaut hat, kann und sollte die entsprechende Person genauso positionieren und einsetzen.

Im Idealfall wird die Führungskraft die Mitarbeiter nach vergleichbaren Kriterien einschätzen und dies auch schriftlich festhalten. Dazu gehören Persönlichkeitseigenschaften wie Pünktlichkeit, Art der Motivation, Position innerhalb der Gemeinschaft, persönliches Umfeld, Art des Spezialgebietes… Wer solche Fakten von seinen Leuten sammelt, wird jeden einzelnen gezielt verwenden.

2.2 Eine schlagkräftige Truppe bilden

Nach all den beschriebenen Kräften, die innerhalb sozialer Gruppen wirken können, mag mancher vielleicht gar kein Team mehr bilden. Es hat aber auch Vorteile, derer sich Führungskräfte unbedingt versichern sollten. Richtig geführt lassen sich die gruppendynamischen Kräfte positiv in gewünschte Richtungen kanalisieren und die Fähigkeiten der einzelnen Mitglieder potenzieren. Dazu muss man jedoch erst einmal eine solche bilden.

Wer gezielt ein Team zusammenstellt, sollte sich zum Ersten darüber klar sein, dass Menschen unterschiedliche Eigenschaften, Stärken und Schwächen besitzen. Zum Zweiten geht es darum, diese zu (er)kennen und nach Möglichkeit zu katalogisieren. Das hat mindestens zwei Vorteile – man gewinnt einen Überblick und kann so besser vergleichen und zusammenstellen. Im dritten Schritt geht es darum, die Positionen der Gruppe zu besetzen, die aus einem lahmen Haufen ein schlagkräftiges Team machen. Sie sollte aus maximal sieben Menschen bestehen und folgende Rollen beinhalten:

a) Alpha-Position: Im Idealfall besitzt dieser Mitarbeiter eine Mischung aus Leistungs- und Machtmotivation. Ihm geht es darum, die Aufgabe zu erfüllen, aber auch, an der Spitze zu stehen. Wenn ausschließlich das Machtmotiv vorhanden ist, muss er von den anderen unbedingt akzeptiert werden.

b) Beta-Position: In der Regel ist dies der Experte in der Runde, der vor allem ein starkes Leistungsmotiv ausgeprägt hat. Er gibt Ideen und wird von den anderen ob seiner Sachkenntnis geschätzt.

c) Gamma-Position(en): Hier bewegen sich Helfer, Zuarbeiter, Mitmacher, die ein Anschlussmotiv besitzen, also an Macht und (vorrangig) Leistung nicht oder wenig interessiert sind. Auch jene, die misserfolgsmotiviert sind, finden sich hier, weil sie gut anstehende Aufgaben erledigen können.

In Gruppen lassen sich noch weitere Positionen erkennen, deren Name bereits verrät, was sie kennzeichnet. Sie werden teilweise von den bereits genannten besetzt. Der Visionär ist in der Lage, das Ergebnis vorauszusehen und dieses auch den anderen mitzuteilen. Der Motor gibt die entsprechende Energie und treibt voran. Allerding ist er es, der wenig kritisch fragt, ungeduldig ist und Handeln vor Analysieren setzt. Dem steht oftmals ein Bremser gegenüber, der zur Vorsicht, Besonnenheit und zu überlegten Schritten mahnt. Er erledigt in Ruhe die anstehenden Arbeiten, tritt allerdings bei Veränderungen negativ in Erscheinung, weil er Neuem gegenüber kaum aufgeschlossen agiert. Wenn Motor und Bremser miteinander harmonieren und ein Gleichgewicht herstellen, sind beide vonnöten.

Eine besondere Rolle spielt der informelle Führer. Er steht weder an der Alpha- noch Beta-Position, wird aber von den meisten Team-Mitgliedern aufgrund einer oder verschiedener Besonderheiten als Führungskraft innerhalb des Teams angesehen. Das können fachliche oder charakterliche Besonderheiten sein. Der informelle Führer ist Spezialist oder tritt zum Beispiel bei Konflikten besonders klärend und besonnen auf. Diesen Menschen gilt ein besonderes Augenmerk, denn sie sind oftmals – im Gegensatz zum Alpha-Tier – die eigentlichen Leittiere der Gruppe. Ihre Fähigkeiten für die gesamte Gruppe kann man wie folgt nutzen:

- Loyalität und Bereitschaft gegenüber der Aufgabe sichern
- Besonders zu Beginn des Gruppenprozesses um Rat fragen, sich seiner Zustimmung versichern, ihn auf die Seite des Motors holen
- Anspruchsvolle Aufgaben innerhalb der Gruppe anbieten, damit sich vor allem die Gamma-Positionen um ihn scharen können
- Bei Gesprächen und Diskussionen darauf achten, zuerst ihn zu fragen, damit die anderen diese Meinung als Anker verwenden können
- Probleme, Konflikte und knifflige Aufgaben zuerst mit ihm besprechen, um seine Motivation anzustacheln

2.3 Konflikte im und mit dem Team lösen

Ein Konflikt ist ein Widerspruch zwischen zwei (scheinbar) unvereinbaren Sachverhalten. Diese können entstehen zwischen Meinungen, Tatsachen und Zielen, Interessen, Ansichten... Wichtig ist, dass viele Konflikte gar keine sind, weil beide Seiten nur unterschiedlich verstehen. Der Teamleiter muss in der Lage sein, Konflikte möglichst zu erkennen, wenn es unterschiedliche Auffassungen oder Missverständnisse gibt, damit diese sich erst gar nicht auswachsen können. Das ist besonders darum wichtig, weil viele Konflikte unter der Oberfläche entstehen und als solche nicht sichtbar werden. Folgende Strategien haben sich bewährt, um einem Konflikt zu begegnen:

Negative Konsequenzen aufzeigen und erhöhen: Wenn Konflikte ausarten, zeitigen sie manchmal Folgen, die für alle gleichermaßen negativ sind. Es geht also in einem der ersten Schritte darum, diese Konsequenzen allen Beteiligten bewusst zu machen. Dabei sollte man sich auch nicht scheuen, ein wenig zu übertreiben, um die entstehende Furcht als Motivator zu verwenden, den Konflikt lösen zu wollen.

Konflikt offenlegen: Alle Beteiligten müssen an einen Tisch und reden. Der Moderator achtet hierbei besonders auf Verhaltensregeln, da beide Parteien nicht nur in der Sache gegenübersitzen, sondern auch emotional aufgewühlt sind. Jeder bekommt also gleiches Rederecht, keine der Parteien unterbricht. Anschließend müssen die meist versteckten Ursachen des Konflikts erforscht werden, was durch intensives Fragen möglich wird. Wie in privaten Konflikten auch, legt der Moderator besonderen Wert darauf, dass die Beteiligten ihre Ziele nennen. Während des Gesprächs sollte Protokoll geführt werden, um späteren Unstimmigkeiten vorzubeugen. Bei Missverständnissen muss der Moderator sofort nachfragen. Wichtiges kann er zusätzlich – für alle sichtbar – visualisieren.

Ziele beschreiben: Wenn die Ansichten der Konfliktparteien besprochen sind, geht es darum, dass jede Partei ihre eigenen Ziele formuliert; jene, die mit dem Konflikt unmittelbar zu tun haben, aber auch die versteckten und übergeordneten. Im Optimalfall schließt diese Phase ab, indem die einzelnen Ziele hierarchisiert werden und sich dadurch Haupt- und Nebenziele herauskristallisieren. Als günstig erweist sich auch, eine B-Variante entwickeln zu lassen, wenn das Hauptziel nicht erreicht werden kann.

Lösung erarbeiten: In vielen Fällen wird es hier auf einen Kompromiss hinauslaufen, der jedoch leichter gefunden wird, wenn zuvor die Ziele offen benannt werden. Eine für alle Beteiligten akzeptable Lösung findet man auch schneller, wenn zuvor gemeinsam die Kriterien festgelegt wurden, die der Lösung zugrunde liegen. Das hat den Vorteil, dass sich alle Beteiligten schneller einigen. Abschließend sollte man nicht vergessen festzuhalten, welche Lösung erreicht wurde, wer verantwortlich ist, bis wann welche Handlung durchzuführen ist.

Zusammenfassung

Wenn Menschen zusammenkommen, miteinander agieren und kommunizieren, wirken immer besondere Kräfte. In einer Gruppe bildet sich eine Gruppennorm heraus, der sich Außenstehende leicht unterordnen, wenn sie diese Norm als etwas Positives erleben. Dabei ist es völlig egal, nach welchem Kriterium die Gruppe gebildet wurde. Auch gruppenkonformes Handeln wird so befördert. Die gemeinsame Arbeit im Team wird fast immer als Erleichterung empfunden. Allerdings ruhen sich einzelne Team-Mitglieder auch auf den Leistungen der anderen aus. Darum sind manche Aufgaben, vor allem kreative, besser in Einzelarbeit zu erbringen. Das Phänomen des „Sozialen

Bummelns" und der „Trittbrett-Fahrer-Effekt" sind auch Ursache dafür, warum die allerorten verbreitete Kreativtechnik Brainstorming in Wahrheit wenig bringt.

Ein anderes, weit verbreitetes Phänomen heißt Anker. Menschen denken in die Richtung, die der Sprecher vorgibt. Wenn er einen Anker setzt (einen Wert, eine Zahl), dann hangelt sich das Denken der Hörer daran entlang. So können wir zum Beispiel Preise, Einnahmen oder auch Kosten und zeitliche Aufwendungen stark relativieren und positiv ins Licht setzen. Ein anderes Phänomen aus der Sozialpsychologie heißt Konsistenz. Menschen wollen genau so handeln wie sie es gesagt oder schriftlich niedergelegt haben. Es lässt sich nutzen, indem man den Gesprächspartner in jeder Phase zu positiven Aussagen animiert. Er wird es am Ende schwerer haben, nach all den positiven Äußerungen vor den Augen anderer Menschen nicht zu handeln. Eine Ursache dafür ist, dass sein Selbstbild notwendig von jenem abweicht, welches andere Menschen von dem Betreffenden haben. Je größer die Schnittmengen zwischen beiden, umso glücklicher das Individuum und umso besser wird es auch arbeiten. Wenn der Betreffende jedoch in seinem Drang, selbstbestimmt handeln zu können, eingeschränkt wird, reagiert er meist so, dass Außenstehende die Ursachen nicht erkennen oder falsch deuten. Da helfen nur Gespräche, frühzeitig.

Eine weitere Besonderheit im Zusammenleben von Menschen betrifft das Gleichgewicht zwischen Nehmen und Geben – das Prinzip Reziprozität. Menschen fühlen Ungleichgewicht, wenn sie etwas bekommen haben. Dies können Dinge, Informationen, Warenproben und andere Sachverhalte wie geschenkte Zeit sein. Wer dieses Ungleichgewicht herstellt, kann darauf hoffen, dass der andere versucht, ein Gleichgewicht herzustellen.

Es ist allerdings immer dann gestört, wenn Konflikte sich anbahnen oder bereits vorhanden sind. Die beste Möglichkeit, Konflikte beizulegen, ist natürlich, sie frühzeitig zu erkennen. Dazu dient in erster Line das viel zu wenig angewandte Mittel des Gesprächs. Wenn jedoch ein Konflikt bereits vorhanden ist, helfen verschiedene Strategien, ihn nicht zur Katastrophe auswachsen zu lassen: allen Beteiligten die Folgen deutlich veranschaulichen und dabei ein wenig dramatisieren, den Konflikt und die jeweiligen Ziele offen besprechen und dabei auf paritätisch verteilte Rechte achten, möglichst gemeinsam Lösungen erarbeiten und verbindlich die Verantwortlichkeiten festlegen. Auch wenn ansonsten viel Schriftverkehr zu viel des Guten bedeutet; hier ist er dringend angeraten.

3. Autoritäten

3.1 Einfluss und Nutzen

Gott als Autorität hatte Adam und Eva einst verboten, vom Baum der Erkenntnis zu essen. Weil aber die Schlange Eva eingeflüstert hatte, dies doch zu tun, warf der HERR beide aus dem Paradies. Diese Geschichte steht im Alten Testament und zeigt die bösen Folgen, wenn man sich einer anerkannten Autorität widersetzt. Wenig später verlangt dieselbe Autorität von einem Vater, dass dieser seinen Sohn töten solle. Die Autorität begründet nicht und bleibt dem armen Vater auch sonst jeden Ansatz einer Erklärung schuldig. Als Abraham gerade das Messer erhebt, um seinen eigenen Sohn abzuschlachten, ruft ein Engel vom Himmel herab: „Leg deine Hand nicht an den Knaben und tu ihm nichts; denn nun weiß ich, dass du Gott fürchtest und hast deinen einzigen Sohn nicht verschont um meinetwillen."

Dieser Satz ist sehr aufschlussreich, denn in ihm liegt eine wichtige Begründung, warum Menschen Autoritäten anerkennen und ihnen (manchmal blind) folgen: Es sind die Emotionen Furcht und Angst. Auch wenn Theologen vielleicht das Verb *fürchten* in abgeschwächter Form deuten, so bleibt doch das Gefühl bestehen. Furcht wiederum wird von den Psychologen als ein Gefühl der Angst vor irgendwelchen Schäden beschrieben; eine Person erwartet also etwas Negatives.

Wenn man dies auf die beschriebenen Szenen überträgt, dann ist zum Beispiel Abraham gläubig nicht aus Überzeugung, sondern aus Angst vor negativen Folgen. Erstaunlicherweise fanden und finden wir solche Zusammenhänge auch immer bei religiös sich gebenden Ideologien. So haben zum Beispiel Nationalsozialismus, Stalinismus oder Maoismus ihre Autorität durch ein nicht nur ideologisch vorbereitetes, sondern auch täglich sichtbares System der Furcht und Angst begründet. Diese Form von Autorität muss für die anderen Menschen kontraproduktiv sein, weil sie etwas Negatives vermeiden wollen und darum der Autorität folgen. Weitaus effektiver jedoch ist es, wenn Menschen einer Autorität folgen, weil sie sich dadurch Positives erhoffen. Wer einen Vorteil für sich erwartet, geht viel motivierter an eine Aufgabe heran als jener, der dadurch etwas Negatives vermeiden will. Nun könnte man aus diesen Beispielen schließen, dass Autoritäten vor allem bei den Menschen vorhanden sind – weit gefehlt. Ein Experiment, das mit japanischen Affen durchgeführt wurde, beweist das Gegenteil. Weil in Affenhorden strenge Rangordnungen existieren, wollten die Forscher wissen, wie eine Information innerhalb der Gemeinschaft weitergegeben wird.

Sie zeigten einem Tier, welches auf der Rangleiter sehr weit unten stand, wie es an Karamell-Bonbons herankommt. Nach mehr als einem Jahr hatte erst die Hälfte der gesamten Gemeinschaft Informationen über die Leckerei erhalten. Die Nachricht war jedoch noch immer nicht beim ranghöchsten Tier angekommen. Ganz anders jedoch wurde die Botschaft innerhalb der Affenhorde weitergegeben, wenn man sie zuerst dem ranghöchsten Tier gab. Es dauerte gerade einmal vier Stunden, bis jedes Mitglied der Gruppe wusste, wo es etwas Leckeres zu fressen gab. Diesen großen Einfluss von Autoritäten erkennen wir nicht nur bei unseren nahen Verwandten, den Affen, sondern auch in der menschlichen Gemeinschaft.

Besonders anschaulich, aber auch besonders gefährlich kann dies in Krankenhäusern sein. Untersuchungen in den USA haben gezeigt, dass Krankenschwestern und Patienten fast keine Anordnung eines Arztes infrage stellen, der Gott in Weiß existiert also heute noch. In einem durchschnittlichen Krankenhaus – und hier wird es kriminell – werden darum jeden Tag Medikamente falsch gegeben. Der Gehorsam gegenüber Autoritäten geht sogar so weit, dass Personen, wenn sie mit einer scheinbaren, selbsternannten oder wirklichen Autorität sprechen, ihre Stimme und Sprechweise dieser Autorität anpassen, dies wurde bei Fernsehinterviews sichtbar. Auch die Werbe-Industrie nutzt dieses Phänomen, indem sie vermeintliche oder wirkliche Autoritäten ins Bild setzt, meistens dann, wenn Zahnpasta oder ein Medikament zu bewerben ist. Ein seriös aussehender Schauspieler wird in einen weißen Kittel gesteckt; er zeigt eine bunte Tabelle oder eine Grafik und „beweist" somit die Wissenschaftlichkeit seiner Aussage.

Den Status einer Autorität kann man nicht nur mithilfe eines weißen Kittels oder anderer Kleidungsstücke erzeugen. Besonders beliebt – vor allem in Deutschland, aber noch viel mehr in Österreich – sind Titel vor den Namen. Wer einen Doktor vor dem Namen besitzt, ist in den Augen der Zuhörer bereits dadurch eine Autorität, weil er sein wissenschaftliches Studium mit dem höchsten akademischen Grad abgeschlossen hat. Die Plagiatsaffären einiger deutscher Politiker haben gezeigt, dass die Sehnsucht nach einem Titel oder akademischen Grad manchen nicht vor strafbaren Handlungen zurückschrecken lässt – auch nicht Juristen. Andere Zeichen von Autorität sind Kleidung, Schmuckstücke, vor allem aber Autos. Wenn wir einen Menschen in einem teuren Auto sehen, dann laufen automatisch folgende Gedanken in Windeseile ab:

Wer ein teures Auto fährt, verdient eine Menge Geld. → Wer viel Geld verdient, muss sehr erfolgreich sein. → Erfolgreich kann man nur sein, wenn man in seinem Fachgebiet besonders gut ist und besonders viel davon versteht. → Also versteht der Fahrer dieses Autos besonders viel von seinem Gebiet.

Im Magazin „Stern" sind in der Ausgabe 46/2011 unter der Überschrift „Bloß keinen Spritfresser mehr!" folgende Sätze zu lesen:

- „In der deutschen Wirtschaft war der dicke Dienstwagen bisher so etwas wie ein Grundrecht für Manager. Wer in der Hackordnung oben steht, zeigt das durch sein Auto."

- „Bei der Belegschaft ist ein kleinerer Dienstwagen nämlich so beliebt wie eine Gehaltskürzung. Wer gute Arbeit leistet, fährt einen dicken Wagen. Basta."

- „Ein kleinerer Dienstwagen gehe mit dem Gefühl geringerer Wertschätzung einher."

- „Wer nur Einheitsautos bietet, droht Führungskräfte zu verlieren."

Dies beschreibt den Ist-Zustand. Es steht nämlich auch in dem Artikel, dass durch steigende Benzinpreise ein Umdenken einsetzt – hin zu kleineren und sparsameren Autos. Auch die Zeichen, die Menschen mit Kleidung und Schmuck aussenden, lassen ähnliche Gedankengänge zu. Dies führt nicht selten dazu, dass einige Menschen Nachahmerprodukte verwenden, die Labels teurer Kleidung in preiswertere einnähen und auch sonst versuchen, mehr darzustellen, als sie eigentlich sind. Nun denkt vielleicht der eine oder andere, dass wir selbst uns nicht von wirklichen oder scheinbaren Autoritäten beeinflussen lassen. Der Versuch eines amerikanischen Psychologen aus den sechziger Jahren des vorigen Jahrhunderts belehrt uns eines Besseren. Weil man die Resultate anfangs nicht glauben mochte, wurde er in mehreren Ländern wiederholt. Aber immer hat dieser berühmte Milgram-Versuch ähnliche Ergebnisse hervorgebracht. Worum geht es? In dem Experiment sagte man normalen Bürgern von der Straße, sie würden an einem Lernexperiment teilnehmen. An einem Tisch saß eine Autorität, gekennzeichnet durch einen Professorentitel und einen weißen Kittel. Am anderen Ende des Tisches befand sich ein Schaltpult mit verschiedenen Knöpfen, an denen man offenbar etwas drehen konnte. In einem Nachbarraum befand sich ein „Schüler", der aber vom Versuchsleiter eingeweiht war. Wenn nun die nichtsahnende Testperson vor dem Schaltpult Platz nahm, erklärt ihm der Professor den Versuch wie folgt: Sie nehmen an einem Lern-Experiment teil und müssen den Schüler für jede falsche Antwort, die er gibt, mit einem kleinen Stromstoß bestrafen. Nach jeder falschen Antwort werden Sie aber die Stromstöße mit diesem kleinen Schalter erhöhen. Die Skala reicht bis 450 Volt.

Der „Schüler" spielt natürlich eine Rolle und macht sich nach einer bestimmten Anzahl von falschen Antworten bemerkbar. Er klagt hörbar über Schmerzen, dass er ein schwaches Herz besäße und der Versuch abgebrochen werden müsse. Die Autorität des Professors jedoch fordert von unserer Testperson, dass diese nach jeder falschen Antwort die Stromstärke schrittweise erhöhen soll. Komme, was da wolle. Egal, ob der „Schüler" schreit, wimmert oder jammert. Der scheinbare Professor sagt zu der armen Versuchsperson zum Beispiel: „Sie haben keine Wahl, sie müssen weitermachen. Das Experiment erfordert es." Es ging in dem Versuch natürlich nicht darum, die Lernfähigkeit des „Schülers" zu testen, sondern die Gehorsamkeit der Testperson gegenüber dem „Professor". Die Frage lautete: Wie weit gehen normale Bürger, wenn eine scheinbare Autorität Anweisungen erteilt?

Das Ergebnis dieser Versuche erschütterte nicht nur die Fachwelt. Viele Versuchsteilnehmer gingen trotz innerer Widerstände bis an die Grenze des Machbaren, weil die „Autorität" dazu aufforderte. Zwar sahen sich die meisten in einer moralischen Zwickmühle, weil mit zunehmender Stromstärke der „Schüler" immer stärkere „Qualen" litt. Die angebliche Autorität siegte jedoch über moralische, ethische und menschliche Grundsätze. Das Experiment hat bewiesen, dass die meisten Menschen einer Autorität Gehorsam leisten, selbst dann, wenn es ihren eigenen moralischen Grundsätzen widerspricht. Gehorsam gegenüber einer Autorität ist aber nicht nur negativ, sondern manchmal sogar notwendig. Denken wir zum Beispiel an das Militär, an Gefahrensituationen oder an Ärzte, denen wir, wenn es um Leben und Tod geht, folgen sollten.

3.2 Eine Autorität werden

Die Frage stellt sich nun, wie das Prinzip Autorität und seine unverkennbar starken Möglichkeiten positiv zu nutzen ist. Zum Ersten sollte man sich eine wirkliche Autorität durch Wissen und entsprechende Handlungen erwerben. Wer anderen das Blaue vom Himmel herunterlügt, unsinnige Versprechungen macht, unrealistische Ziele setzt, selbst nicht vorlebt, was er von anderen verlangt, wird sich zu keiner Autorität entwickeln. Andererseits ist auch darauf zu achten, als Autorität wahrgenommen zu werden. Dazu gehören neben den erforderlichen Kenntnissen auch Kleidung, angemessene Sprache und das gesamte Verhalten. Zu einer wirklichen Autorität werden Menschen, wenn sie durch Leistungen überzeugen, und alle anderen ausgesandten Zeichen diese Leistungen parallel kommunizieren. Sehen wir uns die wichtigsten Kriterien an, die uns helfen, zu einer wirklichen, nicht nur oberflächlich dargestellten Autorität zu werden.

a)   Leistung und Vorbild

Auch wenn es vielleicht altmodisch klingt – wirkliche Autoritäten, denen andere Menschen folgen, müssen Leistung bringen und Forderungen auch selbst umsetzen. Hinzu kommt, dass sie sich auf einem bestimmten Gebiet zu Experten entwickeln. Dazu ist kein wissenschaftliches Studium nötig – wer seit zwanzig Jahren leckeren Hefekuchen bäckt und diese Fähigkeit immer wieder bewiesen hat, gilt automatisch als Experte in Sachen Hefekuchen (dieser Satz ist meiner Mutter gewidmet). Häufig jedoch erleben wir im Alltag, dass Expertentum durch den so genannten Halo-Effekt von einem Bereich auf einen anderen automatisch übertragen wird. Ein einfaches, aber anschauliches Experiment in den USA zeigte dies sehr eindrucksvoll. Die Wissenschaftler ließen normal gekleidete Menschen und gut gekleidete Geschäftsleute bei Rot über die Straße gehen. Dann zählten sie, wie viele Menschen ihnen folgten. Beim schick gekleideten Geschäftsmann waren es dreieinhalb mal mehr!

Auch bei Ärzten funktioniert diese unsinnige Übertragung von einer Eigenschaft auf andere. Ihnen traut man eher zu, sich mit Aktien auszukennen als einem Bäckermeister. Weil unsere Welt jedoch hochkomplex ist, sollten man immer nur den Experten trauen, also bei medizinischen Fragen eher einen Arzt und bei juristischen einen Anwalt konsultieren. Wenn es jedoch um Hefeteig geht, ist der Anwalt meist der falsche Ansprechpartner.

b)   Menschlich, allzu menschlich

Oft erlebt man, dass Autoritäten versuchen, perfekt zu sein und nichts Menschliches preiszugeben. Sie errichten eine Mauer und wappnen sich so vor möglichen Angriffen der Konkurrenten. Das ist der falsche Weg, denn jeder weiß, dass ein Mensch eben auch nur ein Mensch ist – mit allen Schwächen, die ihn erst dazu machen. Erfolgreiche Autoritäten beherrschen das Spiel, zu gegebenem Zeitpunkt ein wenig den Vorhang des Offiziellen beiseite zu schieben, damit der andere hinter die Fassade blicken kann. Sie lassen durchscheinen, in welcher emotionalen Lage sie sich gerade befinden, geben ein klein wenig Privates preis, freuen sich nicht verhalten, sondern ehrlich, und können zu gegebener Zeit auch wütend werden. Die besten von ihnen steigen manchmal vom hohen Ross herunter – um sich zum Beispiel zu entschuldigen – und steigen dadurch noch weiter im Ansehen der anderen. Die Gefahr bei diesem Vorgehen liegt zum einen darin, dass Feinde und Neider dieses preisgegebene Wissen ausnützen könnten. Zum anderen macht man sich – wenn manchmal auch viel später – angreifbar. Aus meiner Sicht sind diese beiden möglichen Nachteile zu vernachlässigen, denn sie wiegen die Vorteile, welches menschliches Verhalten mit sich bringt, bei weitem nicht auf.

c) Understatement

Wenn bei einer Rolex der Sekundenzeiger nicht gleichmäßig läuft, sondern wie bei anderen Uhren schrittweise vorwärts geht, ist es eine Fälschung. Das zumindest hab ich mir sagen lassen – ich habe keine Rolex. Statussymbole wie Uhren, Autos, Kleidung, Schmuck verführen regelmäßig dazu, sich selbst mit den berühmten fremden Federn zu behängen. Hinzu kommt, Namen von Promis fallen zu lassen, um ein wenig von deren Glanz abzukommen – neudeutsch: Namedropping. Weil in Deutschland Titel vor dem Namen so wunderbar schmücken und zu einer Autorität werden lassen, gibt es auch immer wieder Tricksereien, sich einen solchen zu erschleichen. Um es klar zu sagen: Wer viele Jahre an einer Doktor-Arbeit gesessen hat, ist auf seinem Gebiet in der Regel als Autorität zu bezeichnen. So gesehen sind die beiden Buchstaben vor dem Namen auch ein erstes Zeichen, dass dieser Mensch in einem Bereich mehr weiß als in einem anderen. Das war's dann aber auch.

Sehr schnell merken Menschen, wenn scheinbare Autoritäten keine wirklichen sind, und hinter der polierten Fassade ein Hohlkörper agiert. Darum ist man immer besser beraten, auf Statussymbole zu verzichten, wenn sie eine Autorität vorgaukeln sollen, die nicht vorhanden ist. Wenn es nämlich schief geht, ist der Schaden nicht nur sehr groß, er hält auch sehr lange an. Die schlimmste Folge jedoch ist, dass solcherart Geschichten gern und vor allem unaufgefordert weitererzählt werden.

Rainer Wälde hat in seinem Buch „Understatement. Der Stil des Erfolgs" viele Beispiele bekannter und unbekannter Personen aufgelistet, die auf der Basis einer Werte-Ethik, nicht Image-Ethik agieren. Für sie ist das Leben selbst wichtiger als das Bild, welches andere von ihnen besitzen. Hier ein Zitat, das aus meiner Sicht zeigt, wie wirkliche Autoritäten mit Status und Materiellem umgehen und wo eine wichtige Basis für Autorität zu finden ist (Seite 82):

„Wer aber nach seiner Identität sucht, sie nicht findet und sie deswegen aus dieser inneren Not heraus an seinem Status festmacht, dem bleibt fast nichts anderes übrig, als materielle und immaterielle Symbole dieses Status vor sich herzutragen. Täte er dies nicht, wäre das letzte bisschen – künstlicher, aufgepfropfter – Pseudoidentität auch noch dahin. Und deswegen muss er auch so krampfhaft an diesen Symbolen festhalten."

3.3 Ziel Charisma

„Es soll bei den nachfolgenden Erörterungen unter dem Ausdruck ‚Charisma‘ eine (ganz einerlei: ob wirkliche oder angebliche oder vermeintliche) außeralltägliche Qualität eines Menschen verstanden werden. Unter ‚charismatische Autorität‘ also eine (sei es mehr äußerliche oder mehr innerliche) Herrschaft über Menschen, welche sich die Beherrschten kraft des Glaubens an diese Qualität dieser bestimmten Person fügen. […] Die Legitimität ihrer Herrschaft beruht auf dem Glauben und der Hingabe an das Außergewöhnliche, über normale Menschenqualitäten Hinausgehende und deshalb (ursprünglich als übernatürlich) Gewertete.“

Diese Definition ist fast einhundert Jahre alt und stammt von einem der drei Gründungsväter der deutschen Soziologie – Max Weber. In ihr sind bereits wesentliche Elemente enthalten, die Charisma ausmachen. Im Folgenden betrachten wir die wichtigsten.

a) Außeralltägliche Qualität

Wer wie alle handelt, wird als einer betrachtet, der nur einer von allen ist. Wer jedoch außergewöhnlich auftritt, agiert, reagiert, handelt, wird auch als außergewöhnlich angesehen. Dazu ein kleines Beispiel aus meiner Zeit als Lehrer-Lehrling. Eine siebente Klasse ging über Tisch und Bänke; ich sollte vier Wochen den Sauhaufen unterrichten. Ein Rat meines Vaters – einem mit allen pädagogischen Wassern gewaschenen Paukers – brachte Erfolg: „Mach eine Woche lang das Gegenteil von dem, was die Schüler erwarteten. Wenn Sie glauben, jetzt brüllt er, bleib ruhig. Wenn sie denken, jetzt ist er ruhig, reg Dich über eine Kleinigkeit auf.“ Am Ende dieser Woche waren die Schüler verunsichert und konnten den Typen vor der Tafel nicht mehr einschätzen. Jetzt erst aber konnte ich in Ruhe unterrichten, weil die Klasse nun dort war, wo ich sie gern wollte: Sie achteten auf jedes Zeichen, um deuten zu können, was ich tat.

Außergewöhnliches findet sich überall, wenn man nur genau danach sucht. Es beginnt bei einem kleinen, scheinbar nebensächlichen Accessoire der Kleidung, welches aber konsequent immer getragen wird. Der Politiker Karl Lauterbach tritt konsequent mit Fliege auf, Steve Jobs trug in seinen letzten Jahren in der Öffentlichkeit fast ausschließlich Jeans und Pullover. Daneben gibt es ungewöhnliche Handlungen, die jedoch immer zur Person passen müssen, um nicht aufgesetzt zu wirken – ansonsten werden sie zur Marotte und machen die Person unglaubwürdig. Wer es bei außergewöhnlichen äußeren Zeichen belässt, wird noch nicht charismatisch. Handlungen, die eine außergewöhnliche Qualität aufweisen sollten, müssen hinzukommen. Der Chef einer kleinen Firma, der im Hochsommer völlig unerwartet nach dem Frühstück alle an den Baggersee zum Picknick einlädt und den Arbeitstag für beendet erklärt, wird lange im Gespräch bleiben. Darüber hinaus hat er kräftig in die Loyalitäts-Kasse seiner Mitarbeiter eingezahlt. Viel zu selten starten Vorgesetzte kleine Aktionen, die den Alltag unterbrechen, mit denen sie aber – oft mit kleinen Mitteln – auf sich aufmerksam machen und zeigen, wozu sie aufgrund ihrer Position in der Lage sind.

b) Zielgerichtetheit

Obwohl Jesus sich gegen alle Priester und die römische Fremdherrschaft stellte, folgten ihm die Unterdrückten und Beladenen, weil sie sahen, dass dieser Rabbi ein festes Ziel hat. Menschen wollen folgen und sich nicht so sehr Gedanken machen. Wenn sie sehen, dass da jemand weiß, wo es langgeht, hängen sie sich dran. Das ist besonders in unruhigen Zeiten, bei Umbrüchen, Wandlungen, Veränderungen der Fall. Auch wenn dem da vorn genauso die Hose schlottert, darf er es nicht zeigen. Das hat nichts damit zu tun, auch Fehler zuzugeben; sie dürfen nur nicht vom Ziel ablenken.

c) Authentizität

Martin Luther King, unbestritten eine sehr charismatische Persönlichkeit, ging nach eigenen Aussagen und jenen von Zeitgenossen bereits als Schüler seinen eigenen Weg. Authentisch sein und handeln bedeutet, nicht nach der Meinung anderer zu schielen, seine Meinung nicht nach Stimmungen auszurichten und so zu handeln, dass das Selbstbild keinen Schaden nimmt. Für Menschen, die in der Öffentlichkeit stehen, bedeutet Authentizität, dass kein Widerspruch bestehen darf zwischen öffentlich und privat wahrnehmbaren Eigenschaften. Am einfachsten ist dies natürlich zu erzeugen, wenn man sich nicht verbiegt oder von wohlmeinenden Beratern verbiegen lässt. Ein bekanntes Beispiel dafür ist John F. Kennedy. Wenn man ihn nicht ermordet hätte, wäre früher oder später ein gravierender Unterschied zwischen inszeniertem öffentlichem Bild und Realität aufgefallen. Auf der einen Seite der charismatische Strahlemann und jugendlich-offensive Präsident, auf der anderen der körperlich kranke Mann, der Drogen nahm und im Weißen Haus mit diversen Damen Pool-Partys zu feiern pflegte.

d) Wortgewandtheit

Um es gleich zu sagen: Es geht nicht um rhetorische Spitzfindigkeiten oder die oft publizierte Möglichkeit, Sprache als Manipulationsinstrument zu missbrauchen – das funktioniert nicht. Es geht darum, die Sprache effektiv und punktgenau zu verwenden. Dazu gehören alle Parameter, die das gesprochene Wort ausmachen: spezielle Nutzung von Raum und Zeit, Körpersprache und Lautstärke, besondere Kombination des Inhalts, Auswahl der Worte, Satzgestaltung, sprachliche Mittel der Veranschaulichung. Ausführlich zeige ich das in anderen Büchern, weshalb ich hier auf weitere Erklärungen verzichte.

e) Unkonventionell handeln

Kaum etwas anderes bewundern Menschen insgeheim so sehr wie unkonventionelles Handeln. Sie würden ja auch gern aus der Menge ausscheren, trauen sich dann aber nicht. Wer aus der Reihe tanzt, sollte sich jedoch im Vorfeld genau überlegen, in welchem Zusammenhang und wann. Erfolgreiche Nonkonformisten fangen mit kleinen Ausbrüchen an und beobachten, wie die anderen darauf reagieren. Dann steigern sie diese, verlieren sich aber nicht in verschiedenen, sondern konzentrieren sich auf wenige und gezielt eingesetzte Handlungen. Beispiele hierfür finden sich immer und überall. Dazu muss man im ersten Schritt beobachten, wann alle gleich oder ähnlich handeln: Alle schweigen zu einem Vorschlag, alle gehen zwischen 15.30 und 16.00 Uhr, alle trinken klaglos den schlechten Kaffee, alle meiden eine Konfrontation mit dem schlechtgelaunten Hausmeister, alle... Nun ist zu überlegen, mit welcher Aktion man das größte Aufsehen erregen kann. Da kann es schon reichen, eine Stunde früher zu erscheinen und genau dann mit dem Malern des hässlichen Eingangsbereiches (fast) fertig zu sein, wenn alle hindurchgehen. Die Kosten für diese Aufsehen erregende Aktion belaufen sich auf maximal drei Stunden Arbeitszeit und maximal einhundert Euro Material.

Zusammenfassung

Menschen suchen Autoritäten, um ihnen zu folgen. Gründe dafür gibt es verschiedene. Sie folgen aus Furcht vor Strafe oder anderen negativen Folgen, weil sie sich selbst nicht anstrengen wollen, es einfach bequem ist. Besonders gern folgen Menschen wirklichen Autoritäten, die sich diesen Status nicht nur durch Äußerlichkeiten, sondern durch Leistung erworben haben. Evolutionsbiologisch gesehen ist dieses Verhalten logisch, denn Führungspersönlichkeiten haben sich in der Regel durch Leistung einen besonderen Platz in der Gemeinschaft erworben. Dabei kann allerdings der Halo-Effekt auftreten – und die Autorität in einem Bereich wird auf einen oder mehrere andere übertragen. Wirkliche Autoritäten überzeugen durch Leistung und nicht durch äußerliche Symbole, die eine Autorität nur vortäuschen.

Ein besonderes Merkmal herausgehobener Autoritäten ist Charisma. Dieser Begriff bezeichnet verschiedene Qualitäten, die außergewöhnlich sind, weswegen andere Menschen charismatischen besonders gern folgen. Charisma kann bis zu einem gewissen Grad erzeugt werden, indem neben herausragenden Leistungen folgende Elemente treten: Charismatiker legen in einigen Eigenschaften und Handlungen eine außergewöhnliche Qualität an den Tag, sie treten konsequent auf, handeln zielgerichtet, sind wortgewandt, ohne manipulativ wirken zu wollen, handeln in manchen Situationen unkonventionell. Beide Eigenschaften – Autorität und Charisma – sind nur dann erfolgreich, wenn sie nicht aufgesetzt bzw. künstlich erzeugt wurden. Dies bemerken andere Menschen sehr schnell und wenden sich demnach von dieser Person ab. Besonders Personen, die in der Öffentlichkeit stehen – das beginnt schon bei Regionalpolitikern und Bürgermeistern – müssen zusätzlich darauf achten, dass öffentlich und privat Wahrnehmbares nicht im Widerspruch zueinander steht. Dies gelingt am besten, wenn man sich selbst treu bleibt.

4.   Führen, lenken, leiten

4.1 Mythos Manipulation

Gibt man im Internet bei einem Buchhändler den Begriff *Manipulation* ein, offeriert das Netz erstaunliche Resultate. „Psychologie der Manipulation", „Die Kunst der skrupellosen Manipulation", „Spielregeln der Manipulation", „Manipulationstechniken erkennen und anwenden", „Manipulation durch die Sprache"… Solcherart Buchtitel suggerieren dem potentiellen Leser, dass Manipulation möglich, erkennbar und anwendbar ist. In Vorträgen und Seminaren erlebe ich immer wieder, dass an irgendeiner Stelle der Manipulationsbegriff auftaucht, dieser an Werbung oder Rhetorik gekoppelt wird und scheinbar wirksame Beispiele präsentiert werden. Um es gleich vorweg zu sagen und damit Ihren Adrenalinspiegel, liebe Leserin, lieber Leser, vermutlich in die Höhe zu treiben: Manipulation in der oft beschriebenen Art und Weise gibt es nicht. Hier zusammengefasst die wichtigsten Gründe:

- Manipulation bedeutet, dass Menschen von anderen zu Handlungen verleitet werden, welche sie selbst nicht wollen. Das jedoch setzt voraus, dass die angeblich Manipulierten über keinen eigenen Willen, keine eigenen Gedanken, kein Gehirn verfügen.
- Manipulation durch Sprache ist deshalb nicht möglich, weil Menschen ausgesandte sprachliche Zeichen erst verarbeiten müssen und zudem jeder ein und dieselbe Äußerung unterschiedlich versteht. Sprecher und Hörer sind gleichermaßen an der Konstitution von Sinn aktiv beteiligt, was dazu führt, dass nie eine Information so aufgenommen und verarbeitet wird, wie sie ausgesandt und verstanden wurde.
- Was landläufig unter dem Begriff Manipulation firmiert, ist Beeinflussung. Diese ist sehr wohl möglich, denn sie basiert auf den Wünschen, Zielen, Intentionen des anderen. Diese, meist unterschwellig lauernden Gedächtnisinhalte werden aktiviert oder verstärkt und damit handlungsleitend.

Die Unterscheidung zwischen *Manipulation* und *Beeinflussung* scheint Wortklauberei, ist aber wichtig – besonders für Menschen, die als Autorität andere führen, lenken und leiten wollen. Wenn wir den Schokoriegel kaufen, den wir eigentlich gar nicht kaufen wollten, dann hat uns die Werbung nicht manipuliert, sondern beeinflusst. Sie verstärkte latent vorhandene Bedürfnisse, fand Argumente gegen Kauf-Skrupel und setzte vorhandene Widerstände außer Kraft. Sie machte uns jedoch nicht zu einem willenlosen Roboter, der unüberlegt den Riegel in den Einkaufswagen legt. In diesem Zusammenhang wird häufig ein Beispiel zitiert, das angeblich in den USA in den Fünfzigern die Manipulationsthese bewies. In einem Kino wurden Spots eines Produkts angeblich unterhalb der Wahrnehmungsschwelle eingeblendet, das führte dazu, dass die Besucher mehr kauften. Dieser so genannte Versuch ist ein Märchen.

Als Paradebeispiel für Manipulation werden auch häufig Diktaturen, insbesondere die deutsche unter Hitler angeführt. Er und Goebbels seien angeblich hervorragende Rhetoriker gewesen, die das willenlose deutsche Volk mittels rhetorischer Tricks manipuliert hätten. Diese These wird immer als wohlfeiles Argument herangezogen, um die angeblich Manipulierten von ihrer Schuld zu säubern. Mittlerweile ist hinlänglich erwiesen, dass die Nazis deshalb erfolgreich waren, weil sie genau das verstärkten, kanalisierten, legalisierten und in staatliche Bahnen lenkten, was bei vielen Deutschen bereits vorhanden war: Hass auf Minderheiten, Neid und Missgunst. Sie bedienten sich dafür zahlreicher Mittel, die wir heute unter dem Begriff der Public Relations fassen würden, und setzten diese als Katalysator und Beschleuniger ein. Wenn Manipulation im oft beschworenen Sinne wirklich funktionieren würde, dürfte es die vielen Beispiele aktiven und passiven Widerstands gegen die Nazis gar nicht geben, denn die Widerständler waren den scheinbar manipulativen Techniken ebenso ausgesetzt, die meisten sogar noch viel intensiver, weil sie in unmittelbarer Umgebung Hitlers agierten.

Manipulation, die willenslose Maschinen voraussetzt, funktioniert also nicht. Menschen, die andere führen wollen, sollten sich nicht an Spielchen beteiligen, welche die anderen zu etwas bringen, was diese nicht wollen. Das ist nicht nur aus ethisch-moralischen Gründen abzulehnen, sondern auch aus ganz naheliegenden: Sozialpsychologen haben nämlich in den letzten Jahrzehnten die Mechanismen für erfolgreiches Führen, Überzeugen, Beeinflussen erkannt. Wer sie kennt, nutzt sie ganz einfach und ist nicht mehr auf Spielchen angewiesen.

4.2 Vertrauen gewinnen

Es ist nicht leicht zu erringen, aber sehr leicht zu verspielen. Vertrauen ist ein Schlüsselbegriff, wenn es darum geht, sich eine wirkliche Autorität zu erarbeiten. Betrachten wir das Wort, um hinter sein Geheimnis zu kommen, denn kurioserweise findet man es in den einschlägigen Standardwerken der Psychologen nicht. Vertrauen bedeutet so viel wie sich verlassen auf jemanden, jemandem Glauben schenken, Vorschusslorbeeren verteilen. Wenn Menschen also einem anderen vertrauen, dann begeben sie sich in dessen Hände, nehmen ein Resultat vorweg, welches noch gar nicht existiert und betätigen sich so als Zukunftsdeuter. Ein für Führungspersonen wichtiger Nebenaspekt des Vertrauens rückt in den Mittelpunkt, denn vertrauende Menschen geben Verantwortung ab, weil der andere offenbar genau weiß, was er tut. Spätestens hier schließt sich der Kreis zum Expertentum, das eine wirkliche Autorität für sich beanspruchen darf. Menschen müssen vertrauen, weil sonst unser Leben nicht möglich wäre. Wir vertrauen darauf, dass der Werkstattmeister die Bremsen richtig repariert, der Apotheker die richtigen Stoffe zusammenmixt, die Friseurin die richtigen Handgriffe anwendet (ist bei mir gründlich schiefgegangen). Wer also die erhofften Leistungen exakt so erbringt, hat erst einmal die Erwartungen erfüllt. Um nun aber dem Ganzen noch eins draufzusetzen, hat sich eine Taktik bewährt, die jeder leicht anwenden kann.

Es geht darum, zwei Kriterien von Autorität miteinander zu verbinden, um andere Menschen zu verblüffen und noch eher und schneller als Autorität anerkannt zu werden – Understatement gekoppelt mit etwas mehr Leistung. Wer von einem Spezialisten etwas erwartet und sogar mehr bekommt, ist überrascht. Darum ist es immer angebracht, den Ball flach zu halten, keine Luftschlösser zu bauen und ein wenig unterhalb der Realität zu bleiben. Wer dann die Erwartungen übertrifft, kann sich in der Sonne der Anerkennung aalen. Es geht nicht darum, extrem tiefzustapeln, sondern das gewisse Etwas draufzusetzen.

Neben Expertentum und Understatement gibt es noch andere Strategien, um in den Augen anderer als wirkliche Autorität zu gelten. Sie haben nichts mit Manipulation zu tun, sondern basieren auf psychologischen Gesetzmäßigkeiten. Darum sind sie auch in der Summe besonders wirksam.

a) Die Basis des Ganzen

Um Vertrauen aufzubauen, müssen die Mitarbeiter vertrauen. Dieser Satz ist keine geistige Pirouette, sondern tiefe Wahrheit. Die Führungskraft muss einen einheitlichen Führungsstil entwickelt haben und diesen nach Möglichkeit beibehalten. Menschen vertrauen keinem, der heute die Peitsche schwingt und morgen den Kumpel raus-kehrt. Andererseits muss auch die Führungskraft vertrauen, indem sie gestellte Auf-gaben nicht permanent kontrolliert, damit den Mitarbeiter unter Druck setzt und unter-schwellig die – bedeutende – Botschaft sendet: ‚Ich glaube nicht, dass Du das allein schaffst, denn ich halte Dich im Grunde nicht für fähig.'

Parallel zu einem verlässlichen Führungsstil ist ein offenes Klima unabdingbar, um Vertrauen aufzubauen. Wer furchtsam oder gar ängstlich seine Arbeit erledigt, wird nicht nur weniger leisten, sondern auch innerlich kündigen. Mitarbeiter können Furcht oder Angst ausbilden vor Strafen, Mobbing, fehlendem Interesse, drohender Kündi-gung. Auch wenn die meisten Führungskräfte es weit von sich weisen, dass in ihrer Abteilung diese negativen Emotionen vorhanden sind, so können sie es nicht aus-schließen – Mitarbeiter versuchen nämlich oft auch gute Miene zum bösen Spiel zu machen. Ein solches Klima kann und muss durch gegenseitige Kommunikation un-terbunden oder aufgebrochen werden. Es sollte also möglich sein, auch ohne lange Absprachen einen Termin beim Chef bekommen, Mitarbeiter müssen offen reden dür-fen, offen kritisieren und bemängeln können – auch den Chef selbst.

b) Vertrauen beruht auf Gegenseitigkeit

In der Wirtschaft spricht man oft von einer Win-Win-Situation. Das meint nichts ande-res, als dass beide Seiten gewinnen, wenn sie miteinander zu tun haben. Kunden, die sich von einem Anbieter um des schnellen Erfolgs willen übervorteilt sehen, werden sich einen anderen suchen. Ebenso verhält es sich, wenn Führungskräfte bei ihren Mitarbeitern Vertrauen aufbauen und lange genießen wollen. Alle Handlungen sollten das Selbstwertgefühl des anderen stärken. Dies gelingt nicht durch Kritik und Tadel, sondern durch Lob und Anerkennung, gerade bei Mitarbeitern. Es geht um die kleinen Gesten, wenigen Worte, anerkennenden Blicke. Als besonders wirksam hat sich erwiesen, gerade dann zu loben oder die Arbeit wertzuschätzen, wenn der andere nicht damit rechnet. Zugleich bricht sich niemand einen Zacken aus der Krone, der besondere Eigenschaften anderer als solche herausstellt und – dies ist der eigentliche Clou dabei – gleichzeitig zugibt, dass er selbst dies nicht könnte. Ein anderer Aspekt gegenseitigen Handelns betrifft Bitten, Forderungen, Wünsche. Führungskräfte sollten sich vorher innerlich (!) auf die andere Seite begeben und überlegen, wie sie sich fühlen, was sie denken würden. Diese Haltung – einmal automatisiert – hilft auch bei Argumentationen, Konflikten und Verhandlungen, ein besseres Resultat zu erzielen, weil man die andere Seite versteht. Die biologische Grundlage dieser Fähigkeit sind Spiegelneuronen, die uns helfen, Emotionen anderer nachzuempfinden.

c) Unabhängigkeit und Freiheit ziehen an

Es mag paradox klingen, aber es sind genau diese Werte, welche Personen anziehen und das Vertrauen suchen lassen. Nicht jene Menschen, die sich in Abhängigkeiten und Zwängen befinden, werden bewundert und gesucht, sondern jene, die unabhängig und frei sind. Es geht nun nicht darum, dass Führungskräfte ständig äußern, dass sie frei in ihren Entscheidungen sind, denn alle wissen, dass jeder in einer Organisation eingebunden ist in verschiedene Aufgaben. Es geht darum, im kleinen Rahmen zu beweisen, dass Spielräume existieren, die – im Idealfall – zugunsten der Mitarbeiter ausgeschöpft werden.

d) Konsequent handeln

Seit der Revolte der Achtundsechziger, die Autoritäten und autoritäre Erziehungsstile ablehnten, ist es in vielen Bereichen verpönt, konsequent zu handeln. Jeder (gute) Pädagoge jedoch weiß, dass Menschen von Autoritäten geführt werden möchten, die konsequent handeln. Die meisten von uns haben erfahren, dass Schüler ausgerechnet jenen Lehrern gegenüber die größte Achtung zollen, die ihre einmal aufgestellten Forderungen konsequent umsetzen. Führungskräfte müssen ebenso handeln, wollen sie anerkannt und geachtet werden. Die Grundlage dafür ist Konsistenz bzw. konsistentes Handeln. Dieses sozialpsychologische Phänomen bezeichnet die Eigenschaft, dem Gesagten auch Taten folgen zu lassen. Rober B. Cialdini fasst in seinem Buch „Die Psychologie des Überzeugens" alle Argumente zusammen, die dafür sprechen, Reden und Handeln in Übereinstimmung zu bringen (S. 92): „Jemand, dessen Überzeugungen, Aussagen und Handlungen im Widerspruch zueinander stehen, wird als verwirrt, falsch oder gar geisteskrank angesehen. Ein hoher Grad an Konsistenz dagegen wird normalerweise mit persönlicher und intellektueller Stärke in Verbindung gebracht und mit Logik, Vernunft, Stabilität und Ehrlichkeit gleichgesetzt." Wenn man sich all diese Eigenschaften ansieht, dann sind genau sie es, die einen Menschen erst zu einer Führungskraft machen – Grund genug also, konsistent zu handeln.

4.3 Vertrauen verspielen

Niemand ist davor gefeit, andere Menschen zu enttäuschen und ihr Vertrauen zu verspielen – das trifft für den privaten Bereich ebenso zu wie für den beruflichen. Vertrauen verspielt man sich am leichtesten, wenn Sein und Schein auseinanderklaffen. Nach außen ist der Chef offen, kommunikativ und kollegial. Im Hintergrund aber zieht er Strippen, intrigiert und spielt die Menschen gegeneinander aus. Das muss schiefgehen, weil wir alle sehr feine Antennen dafür besitzen.

Eine zweite Möglichkeit besteht darin, die eigentlichen Leistungen nicht mehr wahrnehmen zu können – auch das trifft für beide Seiten zu. Wenn der Mitarbeiter nicht mehr leistet, was er soll, wird der Chef misstrauisch. Wenn der Chef seinen Aufgaben nicht nachkommt – organisieren, planen, entscheiden und vor allem führen – schwindet das Vertrauen rapide, und der Chef wird zum Gesprächsgegenstand. Gerade die Fähigkeiten zu führen und zu entscheiden werden von Mitarbeitern mit Argusaugen betrachtet, denn diese sind in deren Augen die wichtigsten. Was aber tun, wenn eine Entscheidung falsch war? Nicht verleugnen, nicht auf andere schieben, nicht vertuschen, sondern offen zugeben. Dabei ist wichtig, die Schuld auch sprachlich exakt auf sich selbst zu beziehen und die richtigen Worte zu wählen:

„Es tut mir leid, aber ICH habe einen Fehler gemacht." Wer hier das inklusive WIR oder das allumfassende MAN verwendet, bezieht die Mitarbeiter mit ein und bringt sie gegen sich auf. Ganz Geschickte schaffen es in einer solchen Situation, selbst daraus Gewinn für sich zu ziehen. Sie geben a) zuerst den Fehler zu, versuchen b) nichts zu beschönigen oder schönzureden und präsentieren c) eine Lösung, die vor allem auf sich selbst bezogen wird. Wer im dritten Schritt seine Mitarbeiter dazu verdonnert, ihm aus der Patsche zu helfen, kann das schöne Gebäude am Ende noch einreißen – langfristig.

Immer wieder kann man sehen, dass Führungskräfte sich Vertrauen auch durch verschiedene Tricks erschleichen oder – schlimmstenfalls – erkaufen wollen. Sie wenden zum Beispiel ein Verhalten an, das Cialdini bei einem gewieften Autoverkäufer gefunden hat – Sympathie. Wenn dieser im Kofferraum des Kunden-Wagens einen Golf-Ball sieht, mutiert er zum leidenschaftlichen Golfspieler und palavert als erstes über Golf. Vertrauen wird hier über Ähnlichkeit erschlichen. Wenn der Vorgesetzte dies tut, fliegt die ganze Sache spätestens dann auf, wenn es etwas zu kritisieren gibt oder (für den entsprechenden Mitarbeiter) eine unangenehme Entscheidung zu treffen ist. Wichtig ist also, immer einen gewissen Abstand zu den Mitarbeitern zu halten. Das geschieht räumlich, sprachlich, mittels Handlungen und den verschiedenen Zeichensystemen, die uns zur Verfügung stehen. Ähnlich verheerend sind unangebrachte Komplimente, denn laut Cialdini „haben wir eine Tendenz, mechanisch positiv auf Komplimente zu reagieren, und diese Tendenz ist so stark, dass wir auch auf Leute hereinfallen, die uns ganz unverhohlen Honig um den Bart schmieren, um unsere Gunst zu gewinnen."

Ein dritter sicherer Weg, um Vertrauen zu verlieren, besteht darin, sich negativ über Nicht-Anwesende zu äußern. Hier müssen Führungskräfte ganz besonders auf der Hut sein, denn die Äußerungen gelangen fast immer zu der entsprechenden Person. Gerade wenn jemand krank ist, im Urlaub weilt, an einer Diskussion nicht teilnehmen kann oder für die Organisation unterwegs ist, versuchen Mitarbeiter häufig, negative Äußerungen über den Abwesenden heraus zu kitzeln. Wenn der Chef hier konsequent verneint und erst über die Person bzw. ihr Projekt spricht, wenn diese dabei ist, merken sich das alle und versuchen es bald nicht mehr.

4.4 Überzeugen statt überreden

Führungskräfte haben neben anderen eine bedeutende Aufgabe zu erfüllen – sie müssen andere Menschen dazu bringen, etwas zu tun. Dass dies nicht leicht ist, wissen bereits alle Eltern. Bei Erwachsenen ist es aber noch schwieriger, weil es sich häufig um Aufgaben handelt, welche die anderen nicht aus freien Stücken machen wollen; sie fühlen sich dazu gezwungen. Das wichtigste Argument, welches dabei immer wieder verwendet wird, ist jenes vom Lebensunterhalt, den sie verdienen müssen. Der Psychologe Kevin Dutton geht davon aus, dass sich Menschen im Laufe eines einzigen Tages ungefähr vierhundertmal in einer Situation befinden, in der sie andere Menschen von irgendetwas überzeugen wollen. Das beginnt schon damit, wenn der andere seinen Kaffee schneller trinken soll.

Menschen, die als Autorität andere führen, sollten die Fähigkeit der Überzeugung perfektionieren, denn bei ihnen geht es meist um bedeutendere Dinge als Kaffee. Von ihrer Fähigkeit hängt ab, wie wirkungsvoll Unternehmen, Behörden, Kommunen arbeiten. Überzeugung ist vor allem gebunden an Sprache. Sie hängt davon ab, was und wie man etwas sagt. Aber auch viele äußere und innere Umstände beeinflussen erfolgreiche Überzeugung. Sehen wir uns also nachfolgend die wichtigsten an, um die Überzeugungsarbeit optimieren zu können.

a)   Das Innere nach außen

Wie bereits gesehen, sind Menschen aufgrund von Verwandtschaftsverhältnissen dem Tierreich sehr nah. Die Grund-Voraussetzung, um andere überzeugen zu können, ist Empathie, die Fähigkeit, sich in andere Individuen hineinzuversetzen. Lange glaubte man, dass dies nur für den Menschen gilt, mittlerweile aber mehren sich die Belege, dass auch andere Tiere (als wir) empathisch sind. So hat Frans de Waal zum Beispiel ein Bonobo-Weibchen beobachtet, wie es versucht, einem Vogel zu helfen. Der arme Piepmatz war gegen die Scheibe des Geheges von Weibchen Kuni geprallt. Sie stellte den Vogel daraufhin auf die Beine, kletterte anschließend mit ihm auf den

Baum und spreizte dort dessen Flügel. Dies wäre nicht möglich, wenn sie nicht nachempfinden könnte, was der Vogel in diesem Moment benötigt – vor allem aber, wie sich dieses fremde Wesen fortbewegt.

Kevin Dutton berichtet von einem Mitarbeiter eines Arbeitsamts an einem sozialen Brennpunkt, dem es mit einfachen Mitteln gelang, die sonst übliche Gewalt radikal einzudämmen. Der Stuhl des Arbeitssuchenden war etwas höher angeordnet als sein eigener. Der Mitarbeiter des Amtes sah dem anderen ins Auge, lächelte und berührte ihn. All dies sind Schlüsselreize, die seit Millionen von Jahren funktionieren. Hinzu kommen noch andere, die man nutzen kann, ohne einen einzigen Cent auszugeben:

- Position der Gesprächspartner im Raum (nicht: die Autorität hinterm Schreibtisch, sondern an einem Tisch partnerschaftlich gegenüber)
- Sich körperlich etwas niedriger machen (sich bücken, Sitzebene, verbal)
- Blickkontakt offensiv suchen und aufrecht halten
- Kindchenschema und Beschützerinstinkte aufrufen und aufrecht halten

Zu den letzten beiden Punkten gab es interessante Versuche, die ich hier kurz skizziere, um zu zeigen, wie wirkungsvoll sie sind. Milgram – der Forscher mit dem vieldiskutierten Autoritätsexperiment – hat zum Beispiel unterschiedlich viele Passanten in den Himmel starren lassen. Bei einem Himmelsgucker folgten vierzig Prozent der Vorbeigehenden, bei zwei folgten sechzig Prozent, bei fünfzehn waren es achtzig Prozent.

Auch in anderer Hinsicht ist das Auge – nicht umsonst wird es metaphorisch als das Fenster zur Seele bezeichnet – ein wichtiges Kommunikations-Organ. Wenn wir einem Menschen mit erweiterten Pupillen ins Auge sehen, unterstellen wir automatisch, dass dieser Mensch uns interessant und attraktiv findet. Das verführte italienische Frauen bereits im 16. Jahrhundert dazu, sich ein verdünntes Extrakt der giftigen Schwarzen Tollkirsche in die Augen zu träufeln, weil dies die Pupillen erweitert. Darum wirkt unser Gegenüber auch während eines Essens bei Kerzenschein attraktiver, weil sich automatisch die Pupillen weiten. Wir sollten heute zumindest auf das Extrakt der Tollkirsche verzichten; allerdings genügt es häufig schon, den interessierten Blick zu intensivieren, indem wir einfach die Augen bewusst etwas weiter öffnen.

Damit kann man auch gleich an das so genannte Kindchen-Schema appellieren, welches ausschließlich positive Emotionen und Instinkte weckt. Es bezeichnet typische Proportionen, die beim Menschen und höheren Tierarten vorkommen und als unwillkürlicher Schlüsselreiz gelten. Dazu gehören Gesichtsproportionen wie rundliche Wangen, eine große Stirn und vor allem vergrößerte Augen. Wenn das Kindchen-Schema auftaucht, werden Regionen im Gehirn aktiviert, die bei Menschen und Tieren gleichermaßen für Belohnung zuständig sind. Nicht umsonst bekommen Kleinwagen, die vor allem auf Frauen als potentielle Käuferinnen zielen, große Scheinwerfer-Augen und eine runde „Gesichtspartie".

Ein besonderer Schlüsselreiz ist Lächeln, das Babys perfekt einsetzen, Erwachsene jedoch häufig hinter einer Fassade verstecken. Wie sich Lächeln auch auf benachbarte Sachverhalte auswirken kann, zeigt ein Versuch in England mit verlorenen Geldbeuteln. Wenn sich darin ein Foto mit einem lächelnden Baby befand, wurden achtundachtzig Prozent der Geldbeutel zurückgegeben, bei einem Foto mit einem älteren Paar nur achtundzwanzig. Paul Ekman, der weltweit anerkannte Experte für Mimik, hat sich in Versuchen mit verschiedenen Arten des Lächelns beschäftigt. Hier zusammenfassend die wichtigsten seiner Erkenntnisse:

- Echtes Lächeln, welches unsere Gesprächspartner auch als solches erkennen, können nur wenige Menschen künstlich erzeugen. Daran ist vor allem ein Muskel beteiligt, der sich am Auge befindet. Lediglich zehn Prozent der Menschen sind in der Lage, ihn bewusst zu steuern.
- Menschen, die häufig echt lächeln, sind glücklicher, haben einen niedrigeren Blutdruck und werden auch von Freunden und Bekannten als glücklich bezeichnet.
- Um echtes Lächeln auch dann zu erzeugen, wenn uns nicht danach ist, hilft es, sich einen glücklichen Zustand vorzustellen, an eine glückliche Situation zu denken.
- Echtes Lächeln ist kein aufgesetzter Zustand, sondern nur sichtbares Ergebnis innerer Zustände. Weil Menschen im Laufe ihres Lebens lernen, die kleinen Zeichen intuitiv zu lesen, sollte man die Energie lieber investieren, um den Zustand, das Gefühl zu ändern. Echtes Lächeln folgt dann automatisch.

b) Aufmerksamkeit als unabdingbare Basis

Wir sind von einer Informations- und Bilderflut umgeben, die es immer schwerer macht, eines der kostbarsten Güter heutiger Tage zu gewinnen – Aufmerksamkeit. Da kommt ein weiterer Mythos wie gerufen, der behauptet, dass zumindest Frauen über die Fähigkeit verfügen, mehrere Aufgaben gleichzeitig zu erledigen – Multitasking. Dies stimmt nur, wenn die einzelnen Aufgaben weitgehend automatisiert sind, keine allzu großen bewussten Denkleistungen erfordern und niemanden gefährden. Wer bügelt und nebenbei einer Hör-CD lauscht, wird beide Aufgaben bewältigen; während des Autofahrens telefonieren ist bereits gefährlich, weil Fahrer und Fahrerinnen nachweislich die Hälfte weniger sehen. Da wird's dann kriminell.

Unser Gehirn ist so gepolt, dass es jene Informationen heraussucht, die es für die gerade zu erledigende Aufgabe benötigt. Andere straft es mit Missachtung. Zugleich ist es darauf geeicht, so oft wie möglich auf Autopilot zu schalten, möglichst wenig nachzudenken und Abkürzungen zu gehen – das alles spart nämlich kostbare Energie. Kevin Dutton beschreibt sehr anschaulich eine weitere Eigenschaft, die uns zu denken geben sollte (S. 100): "Unsere Gehirne sind nämlich träge Gewohnheitstiere. Anstatt Entscheidungen aufgrund frischer Zutaten zu treffen, bevorzugen sie Fertiggerichte, massenhaft angereichert mit Vermutungen, Unterstellungen und vorgefertigten Überlegungen."

Wie leicht menschliche Gehirne auf Autopilot schalten, zeigt ein eindrucksvoller und zugleich äußerst einfacher Versuch von Ellen Langer, Professorin für Psychologie an der Harvard University. Sie beobachtete an einem Kopierer eine Schlange aus Studenten. Der Standardspruch, um nach vorn zu kommen, lautete: „Ich hab es unendlich eilig und muss nur ein Blatt kopieren." Daraufhin wurde die Person vorgelassen. Es funktionierte aber genauso gut, wenn die Testperson sagte: „Kann ich bitte schnell den Kopierer nutzen, denn ich muss den Kopierer nutzen?" Die Gehirne der Wartenden nahmen offenbar den zweiten Teil des sinnlosen Satzes nicht mehr unter die Lupe, weil sie auf Autopilot schalteten: ‚Wieder nur eine der üblichen Begründungen, um nach vorn zu kommen.' Diese Fähigkeiten, quasi automatisch und im Schnelldurchlauf Entscheidungen zu treffen, ist wieder ein evolutionäres Erbe. Wenn unsere Vorfahren erst das Für und Wider einer Flucht vor dem Säbelzahntiger abgewogen und im Team besprochen und anschließend demokratisch abgestimmt hätten... Haps – weg mit dem Vorfahren. Demnach ist es gut, in brenzligen Situationen blitzschnelle Entscheidungen zu treffen. Leider hinkt die Entwicklung unseres Gehirns nicht unwesentlich der von uns selbst geschaffenen Umwelt hinterher. Wir schalten auch dann auf Autopilot, wenn es besser wäre, nachzudenken, abzuwägen, das Für und Wider zu besprechen.

Genau diese Handlungen benötigen volle Konzentration, keine Ablenkung, vor allem aber eine entspannte Atmosphäre ohne Termindruck, ohne Gruppendruck, ohne Druck durch Hierarchien. Wer also andere von wichtigen Sachverhalten überzeugen möchte, die sich womöglich nachhaltig auf die gesamte Organisation auswirken, muss genau für diese Atmosphäre sorgen. Die Gehirne müssen die Chance bekommen, sich intensiv mit dem Thema zu beschäftigen, weil ansonsten vorschnell getroffene Entscheidungen unerwünschte Folgen nach sich ziehen.

Umgekehrt aber können wir diese Erkenntnisse zur Arbeitsweise des Gehirns ebenso nutzen, wenn es nämlich darum geht, bei Verhandlungen die bessere Position zu erreichen oder die Wahrheit herauszufinden. Findige Polizisten lenken das Gehirn des Verdächtigen auf Nebensächlichkeiten. Dadurch hat das Gehirn weniger Energie zur Verfügung, um die Wahrheit bewusst zu verschleiern. Auch Verhandlungsführer können einen Nebenaspekt über Gebühr erhöhen, um so ihr eigentliches Ziel besser erreichen zu können. Sie lenken auch dadurch ab, indem sie dem anderen schmeicheln, Gaumenfreuden auftafeln, schöne Menschen durch den Raum laufen lassen oder Musik abspielen.

4.5 Besprechungen lenken, leiten, lieben lernen

In ihnen kommt meist alles zusammen – gruppendynamische Prozesse, unterschwellige Kompetenzrangeleien, Hierarchiekämpfe, offene und versteckte Konflikte... Besprechungen, Meetings, Sitzungen sind häufig ungeliebt, weil sie oft zu lange dauern, die Teilnehmer von der Arbeit abhalten, Inhalte vielfach zerreden und in der Summe (gefühlt) wenig bringen. Richtig durchgeführt aber überwiegen die positiven Aspekte: Menschen tauschen Fakten, Daten, Meinungen effektiv in so genannter face-to-face-Kommunikation aus. Aufgrund ihres multisensorischen Charakters ist diese Art des Kommunizierens immer noch effektiver als jene mittels elektronischer Medien. Die Menschen kommunizieren auf unterschiedlichen Kanälen gleichzeitig, sie tauschen zusätzlich Emotionen und festigen die Gemeinschaft, was ein nicht zu unterschätzender Aspekt ist. Im Folgenden sehen wir uns die wichtigsten Aspekte gelingender und vor allem effektiver Menschenführung durch das Mittel Besprechung an – Meeting und Sitzung heißen nur anders.

a) Aufwand und Nutzen

Eines der erfolgreichsten Meetings ist das, welches sich überflüssig macht und nicht stattfindet. Bevor überhaupt eines angesetzt wird, sind folgende Fragen zu beantworten:

- Lohnt der zeitliche Aufwand überhaupt, wiegt er den erwarteten Nutzen auf (Stunden der Teilnehmer und ihr Stundengehalt)?
- Sind andere Formen der Kommunikation effektiver?
- Haben wirklich alle Beteiligten einen Nutzen davon / wer muss nicht eingeladen werden?
- Ist die Sache nicht besser in einzelnen Gesprächen abzuhandeln?
- Ist es bei regelmäßigen Besprechungen nötig, dass alle teilnehmen?
- Sollten die Abstände zwischen den einzelnen Besprechungen vergrößert werden?

Häufig reduzieren sich, nachdem die Fragen kritisch beantwortet wurden, die Anzahl der Teilnehmer und die Zahl der Besprechungen. Wenn diese dann anberaumt werden, muss ein anderes Phänomen beachtet werden, das immer dann auftaucht, wenn sich Gruppen bilden:

b) Phasen des gruppendynamischen Prozesses

Orientierung: Die zukünftigen Gruppenmitglieder sehen sich noch stärker als Individuen denn als Mitglied einer Gruppe. Sie lernen einander kennen, versuchen, ihre eigene Position entsprechend ihres eigenen Selbstbilds einzunehmen. Zugleich beobachten sie, wie andere agieren, reagieren, kommunizieren. Diese Phase ist auch bei jenen vorhanden, die miteinander arbeiten und zeitweise eine Gruppe bilden. Es trifft zum Beispiel für Tagesseminare genauso zu wie für zeitweise gebildete oder dauerhaft arbeitende Projektgruppen. Der Teamleiter hat diese Phase zu unterstützen, indem er Zeit für Smalltalk lässt.

Organisation: Die zweite Phase ist von Prozessen geprägt, die parallel laufen und einander bedingen. Zum einen bildet sich die Gruppe als solche mit all den bereits besprochenen Prozessen heraus. Zum anderen werden Aufgaben verteilt, aus denen wiederum Positionen der einzelnen Mitglieder resultieren. In dieser Phase geht es vor allem darum, Konflikte zu verhindern, indem die einzelnen Teammitglieder genau jene Positionen bekommen, welche ihrem Wesen entsprechen.

Produktion: Die Gruppe als solche hat sich organisiert und gefunden; sie ist arbeitsbereit und vor allem arbeitsfähig. Wenn bei einer Teamarbeit die vorhergehenden Phasen nicht beachtet werden, kommt es häufig zu Konflikten, die sich letzten Endes auf das Resultat auswirken.

Wachstum: Hier stehen vor allem die Ergebnisse im Vordergrund, an denen die Gruppe wachsen und – manchmal auch innerhalb kurzer Zeit – zu einer festen Gemeinschaft sich verbinden kann. Auch hier gilt, dass ohne vorher abgelaufene Phasen ungelöste Konflikte oder Positionskämpfe kontraproduktiv wirken können. Der Teamleiter oder Moderator hat insbesondere darauf zu achten, dass Kritik sachlich gegeben und keines der Mitglieder daran gehindert wird, seine spezifischen Aufgaben zu erfüllen.

Auseinandergehen: Diese letzte Phase wird sehr häufig missachtet, obwohl sie gerade für Führungspersönlichkeiten in mehrfacher Hinsicht bedeutend ist. Wenn die Gruppe wieder auseinandergeht, ist hier der Punkt gekommen, die Leistungen aller zu loben – im Idealfall nicht pauschal und mit der Gießkanne, sondern gezielt und einzeln. Hier ist auch Gelegenheit, Emotionen auszudrücken („Ich freue mich wirklich, das alles so prima geklappt hat, obwohl ich ja am ersten Tag ein wenig Befürchtungen hatte, weil…") und Gemeinsamkeiten hervorzuheben. Gerade wenn sich Gruppen immer wieder zusammenfinden, bereitet und erleichtert diese Phase den nächsten Arbeitsprozess, denn alle gehen in dem Bewusstsein auseinander, dass diese Kooperation erfolgreich verlaufen ist.

c) Ziele vorher festlegen

Bei vielen Sitzungen hat man das Gefühl, dass der Moderator gar nicht weiß, wo seine Ziele liegen. Selbst wenn Thema und Tagesordnung (neudeutsch: Agenda) feststehen, bedeutet das noch lange nicht, dass diesen auch ein Ziel zugrunde liegt. Wie bei allen kommunikativen Handlungen auch, verlaufen ebenso Besprechungen gehaltvoller, wenn alle wissen, was am Ende rauskommen soll. Die folgende Übersicht zeigt die wichtigsten Ziele und die dazugehörenden Punkte, die es zu beachten gilt. Wer sie sich VOR einer Besprechung klarmacht, macht's effektiv.

I. Informationen austauschen

- Gespräch auf der Sachebene führen

- Alle relevanten Informationen bereitstellen

- Informationen und Teilnehmer orientieren sich am Ziel

- Straff am Zeitplan, wenig Wertungen

II. Ideen entwickeln

- Neutral agieren, Teilnehmer animieren, motivieren, anregen

- Kreativität fördernde Umgebung

- Freie, ungezwungene, wenig wertende Atmosphäre

- Weit vorher Einzelaufgaben verteilen

III. Probleme lösen

- Umfassend auch gegenteilige Fakten und Daten sammeln
- Zielbewusst und systematisch agieren
- Ursachen, nicht Auswirkungen stehen im Zentrum
- Möglichst breiten Konsens über den Weg erzielen

IV. Entscheidungen treffen

- Verantwortlichkeiten und Kompetenzen klären
- Alle Meinungen zulassen und diskutieren
- Kriterien für die Entscheidung vorher erarbeiten
- Möglichst breiten Konsens über den Weg erzielen

V. Konflikte beilegen

- Moderator fungiert eher als Mediator
- Respektvollen Umgang miteinander gewähren
- Fakten und Emotionen voneinander trennen
- Wiederholt das Ziel in den Fokus rücken

d) Rahmenbedingungen

Räume beeinflussen, wie Menschen fühlen, denken und sich verhalten. Das liegt an den Räumen selbst, es wurde uns aber auch anerzogen. Mit Nase, Augen und Ohren nehmen wir Informationen über den Raum eher unbewusst als bewusst auf. Dennoch hat der Raum immer einen großen Einfluss auf Gespräche, die in ihm stattfinden.

Der Anthropologe Edward T. Hall schlussfolgert in seinem Buch „Die Sprache des Raumes" daraus, dass wir diese stummen Zeichen ebenso leicht lesen und verstehen sollten wie die sprachlichen. Im Idealfall ist also auch der Raum in die Vorbereitung einzubeziehen. Dazu dienen folgende Fragen:

1. Augen: Wie sind die Lichtverhältnisse? Welche Farbe ist bestimmend? Ist Tageslicht ausreichend oder wird künstliches unterstützen müssen? Ist der Raum hoch oder niedrig?

2. Ohren: Wie sind die Schallverhältnisse? Ist der Klang eher dumpf (Teppich) oder hell? Gibt es einen Nachklang oder sogar den gefürchteten Nachhall?

3. Nase: Riecht es frisch, muffig, abgestanden, neu?

4. Haut: Ist es kalt oder warm?

Umberto Eco, den viele nur als Schriftsteller kennen, ist einer der weltweit führenden Wissenschaftler, die sich mit Zeichen beschäftigen. Der Professor für Semiotik unterscheidet zwischen erster und zweiter Funktion von Gegenständen, Räumen und Gebäuden. So besitzt zum Beispiel ein Thron als erste Funktion jene des Sitzens. Die zweite jedoch ist jene des Präsentierens. An diesem Beispiel wird klar, dass die zweite Funktion die erste überlagern kann und viel wichtiger wird als die ursprüngliche.

Auch Räume besitzen eine erste, also eigentliche Funktion, verfügen zusätzlich aber auch über eine zweite, die man beachten sollte. Für welchen Raum man sich entscheidet, ist nicht pauschal zu sagen. Immer hängt es von verschiedenen Faktoren ab: Wie viele Menschen kommen? Kenne ich die meisten oder nur wenige? Ist es die erste Veranstaltung oder bereits die zweite oder dritte? Als besonders wirkungsvoll hat sich auch erwiesen, Besprechungen mal nicht in einem der üblichen „Besprechungs"-Räume durchzuführen, gerade dann, wenn es um Themen geht, die kreatives Denken erfordern. Vielfach zeigt sich auch, dass selbst Besprechungen, die in jenem Gebäude stattfinden, in dem die Teilnehmer arbeiten, auf das Gruppentreffen mehr unbewusst als bewusst wirken. Menschen denken an ihren Kalender, ihre unbeantwortete E-Mail, den nächsten Termin. Wenn möglich, sollte darum eine wichtige Besprechung auch in einem anderen Gebäude stattfinden.

e) Kriterien für erfolgreiche Moderatoren

Die meisten Menschen wollen geführt werden und geben gern Verantwortung ab. Dies widerspricht zwar unserer all-demokratischen Auffassung, wurzelt aber tief in der menschlichen Natur. Führungskräfte können zugleich menschlich und fachlich punkten, wenn sie einige einfache Ratschläge beachten. Am Anfang jeder Besprechung steht eine exakte Vorbereitung. Vor und während der Zusammenkunft sollte unbedingt ein positives Klima herrschen, selbst wenn Anlass oder Ziel Gegenteiliges befürchten lassen. Alle Beteiligten sind Menschen, die es wert sind, als solche behandelt zu werden. Damit sind nicht nur der Kaffee oder das kurz geöffnete Fenster gemeint, sondern auch der kleine Smalltalk am Beginn und der freundliche Umgangston. Wie bei allen Kommunikations-Situationen trifft auch hier die alte Volksweisheit vom guten Ton zu, der die Musik macht.

Immer wieder wird deutlich, dass Besprechungen im Sande verlaufen, weil keine Regeln existieren. Moderatoren glauben, dass alle sowohl jene des guten Anstands als auch jene des effektiven Arbeitens beherrschen – weit gefehlt. Alle Teilnehmer bringen individuelle Vorstellungen mit und versuchen, sie auch durchzusetzen. Regeln betreffen Zeiten (Beginn, Schluss, Redezeit), Gesprächskonventionen (Höflichkeit, Anerkennen von Argumenten, Sachlichkeit) und inhaltliche Gegebenheiten. Gerade wenn die Teilnehmer vermutlich nur einmal in dieser Runde zusammensitzen, sollte der Leiter am Beginn unmissverständlich die wichtigsten Regeln nennen. Dies dient natürlich auch unterschwellig dazu, die Hierarchie zu klären und die eigene Autorität darzustellen bzw. zu festigen.

Der nächste Punkt betrifft den oft heiklen Umgang mit Problemen, Aufgaben, Unstimmigkeiten. Viele Besprechungen werden anberaumt, um genau diese zu klären. Oft machen aber gesellschaftliche Konventionen oder versteckte Ängste einen Strich durch die Rechnung, und der Kern des Ganzen bleibt nebulös. Um es ganz offen zu sagen: Probleme gehören auf den Tisch. Den Teilnehmern muss klar sein – weil der Moderator dies bewusst auch sagt – dass jetzt Tacheles gesprochen wird. Dabei ist es immer günstig, das Positive des offen angesprochenen und anschließend gelösten Problems herauszukehren. Damit hängt sehr eng die Art und Weise zusammen, wie mit Kritik umzugehen ist. Schädlich ist es, sie vorzeitig aus dem Käfig zu lassen, bevor verschiedene Aspekte, das Für und Wider auf dem Tisch liegen. Zu beobachten ist auch häufig, dass Personen- und Sachebene miteinander verzahnt und ungerechtfertigte Oft kommt es auch vor, dass Verallgemeinerungen vorgenommen werden. Weil sich Menschen in der Gruppe immer auch an dem orientieren, was zuvor gesagt wurde, darf nicht vorzeitig kritisiert werden – und wenn, ist eine alte Lehrerweisheit angebracht: erst das Gute, dann das weniger Gute nennen.

Oft können heikle Situationen entstehen, wenn die Positionen des Chefs und Moderators in einer Person zusammenkommen. Dann ist es hilfreich, gleich zu Beginn darauf hinzuweisen und die Teilnehmer um ihre Hilfe zu bitten. Auch die Sitzposition ist gerade hier nicht unerheblich. Die amerikanische Psychologin Sharon Livingston hat viele hundert Meetings speziell auf die Sitzposition der einzelnen Teilnehmer hin untersucht und Erstaunliches herausgefunden. In der Nähe des Chefs sitzen jene, die am weitesten oben in der Hierarchie angesiedelt sind; auf der gegenüberliegenden Seite die „Nörgler", nah bei der Tür die „Laufburschen". Diese Typisierung ist nur als grobes Raster zu verwenden, trifft aber die Richtung.

f) Aus dem Werkzeugkasten

Die folgende Übersicht zeigt die wichtigsten Werkzeuge, derer sich Besprechungsleiter bedienen; man kann sie zugleich für die Vor- und Nachbereitung verwenden. Als besonders effektiv hat sich herausgestellt, einen „Beobachter" einzuladen, der in jeder Veranstaltung einen der Punkte aus Sicht der Teilnehmer beurteilt. Durch die anschließenden Auswertungen kann der Moderator lernen, was er an welcher Stelle noch optimieren kann.

I. Plan
  - Auftrag klären
  - Ziel vereinbaren
  - Fakten sammeln (Ideen, Ressourcen, Chancen, Alternativen)
  - Eigentliche Planung (Arbeitsschritte, Prioritäten, wer was wann wo)

- Durchführung der Besprechung

- Rückblende (Soll-Ist-Vergleich, hinderlich/förderlich, Risiken/Chancen, Alternativen)

II.   Fragen

- Verständnisfrage: Habe ich richtig verstanden, dass…? Wollen Sie wirklich, dass…?

- Paradoxe Frage: Müssen wir das Problem überhaupt lösen? Ist es wirklich sinnvoll, sich weiterzubilden?

- Problematisierungsfrage: Ist es wirklich so leicht, wie Herr Müller sagt? Geht das am Ende wirklich ohne Reibereien? Wird das neue Probleme schaffen?

III.   Diskussionen steuern

- Regeln aufstellen (lassen)

- Zusammenfassungen geben (auch zwischendurch)

- Sachverhalte abfragen

- Ideenspeicher anlegen (nach Möglichkeit für alle sichtbar)

- Um Beispiele bitten

- Zurück auf Start, wenn die Diskussion verfahren ist

- These aufstellen und bewerten lassen

- Spontane Rückmeldungen geben

- Straffes Zeitmanagement durchsetzen

- Immer wieder das Ziel vor Augen führen

- Ab und an den eigenen Status kommunizieren

IV.   Entscheidungen / Schritte zum Konsens

- Meinungen visualisieren
- Aussagen spezifizieren
- Gemeinsamkeiten aufzeigen
- Unterschiede darstellen
- Kombinationen prüfen
- Gegenmeinungen erläutern
- Konsens vor-formulieren
- Ergänzungen einarbeiten

V.   Zeit-Management

- Die Gruppe beteiligen
- Sichtbaren Zeitgeber aufstellen
- Zeitendpunkte festlegen (bis dann ist eine Aufgabe zu erledigen)
- Selbst pünktlich sein
- Nach Möglichkeit einem Gruppenmitglied die Verantwortung für die Einhaltung übertragen

VI.   Rückspiegel (gilt gleichermaßen für den Inhalt der Besprechung und die Form)

- Was ist gut gelaufen / woran wurde das deutlich?
- Was ist schlecht gelaufen / woran wurde das deutlich?
- Was behalten wir bei / was machen wir besser?

g) Herausforderungen begegnen

Immer wenn Menschen zusammenkommen, wird es fast unweigerlich kritische Situationen geben. Viele haben die Erfahrung gemacht, dass bei fehlender straffer Gesprächsführung und/oder Vorbereitung die Diskussion zerfleddert, aus dem Ruder gerät, über Gebühr in die Länge gezogen wird. Neben straffem Zeit- und Gesprächs-Management hat sich als Hilfsmittel Mind map bewährt, weil Gedanken wieder in die richtige Bahn gelenkt, vor allem aber strukturiert und für alle sichtbar gemacht werden. Wenn es darum geht, Ideen zu finden, sollte man hier aber nicht bei den erstbesten Resultaten stehenbleiben, denn erst nach drei oder vier Ebenen zeigen sich wirklich kreative Verbindungen.

Weniger sichtbar ist Passivität Einzelner, weil sie sich hinter einer Aktivität vorschützenden Maske verbergen kann. Andererseits gibt es auch Menschen, die scheinbar passiv sind, aber weitaus aktiver als die Mit- oder sogar Vieldiskutierer arbeiten. Will der Moderator herausfinden, wer wirklich passiv ist, muss er gezielt fragen und nicht warten, bis sich jeder Einzelne zum Thema geäußert hat. Dazu eine Bemerkung am Rande: Ich bin immer wieder erstaunt, dass manche meiner Seminarteilnehmer einen Punkt meiner Führung als bemerkenswert erachten und ihn bei Auswertungen auch nennen: „Sie warten nicht auf Meinungsäußerungen, sondern sprechen die Leute gezielt an." Vorsicht, Höflichkeit und Respekt gegenüber den Besprechungs-Teilnehmern dürfen nicht zu falscher Rücksichtnahme und Laizzes fair führen. Wer lasch führt, wird auch so betrachtet. Andersherum: Wer seine Autorität als Moderator auch nutzt, um gezielt die Menschen anzusprechen – gerade, wenn sie scheinbar passiv sind – wird mit jenen Attributen bedacht, die eine Führungskraft sich gern auf die Fahnen schreibt. Als weiteres probates Mittel gegen Passivität haben sich Provokationen herausgestellt. Hier ist es jedoch unabdingbar, dass sie sich nicht auf die Person, sondern ausschließlich aufs Thema beziehen.

Wenn trotz straffer Führung Situationen zu eskalieren drohen, hilft eine Pause. Der Moderator hat Zeit, individuelle Gespräche zu führen, sich selbst zu sammeln, notwendige Gegenargumente zu finden, vielleicht die Sitzordnung zu ändern und Verbündete zu suchen. Anschließend startet er neu, indem er die Situation aus der Adlerperspektive beschreibt, die Ergebnisse zusammenfasst, und das Ziel neu vorgibt.

Zusammenfassung

In der Ratgeberliteratur taucht häufig ein Begriff auf, der auch im Zusammenhang mit unserem Thema verwendet wird – Manipulation. Scheinbar lassen sich Menschen – entgegen ihrem Willen – zu Handlungen zu bewegen, welche sie nicht wollen. Entgegen vollmundiger Versprechungen ist es jedoch nicht möglich, Menschen dauerhaft zu manipulieren, weil das fehlenden eigenen Willen voraussetzt. Möglich hingegen sind Beeinflussungen, die allerdings immer parallel zu den Selbstverpflichtungen, Interessen und Zielen der jeweiligen Personen laufen sollten. Darum ist es wichtig, diese zu kennen.

Eine wichtige Basis funktionierender Führungstätigkeit ist Vertrauen, der Glaube an die Fähigkeiten einer Person. Dieser resultiert aus Expertentum, Sachkenntnis und – im Falle einer Führungspersönlichkeit – aus den Fähigkeiten, andere Menschen zu leiten. Bei Mitarbeitern ist Vertrauen durch Lob und Anerkennung, vor allem aber durch selbstbewusstes Auftreten zu gewinnen, das wiederum auf Leistungen beruht, die ein konsistentes Bild ergeben. Zugleich basiert es auf Entscheidungen, die ein gewisses Maß an Freiheit und Unabhängigkeit belegen. Wer Vertrauen genießen will, muss kontinuierlich und konsequent handeln, einen einheitlichen Führungsstil entwickeln und ein offenes Kommunikations-Klima schaffen. Wenn Widersprüche zwischen erzeugtem Bild und eigentlichem Handeln bestehen, ist das Vertrauen schnell dahin. Gleiches gilt, wenn die Leistungen, welche eine Führungskraft erbringen soll, nicht mehr erkennbar sind: organisieren, planen, entscheiden, führen und überzeugen. Die Voraussetzung für die letztgenannte Handlung ist unsere Fähigkeit der Empathie. Wer überzeugen möchte, sollte sich in die Situation des anderen hineinversetzen, entsprechende Fragen stellen und innerlich die Position wechseln. Das geht jedoch nur, wenn in diesem Zeitraum dem anderen die volle Aufmerksamkeit zuteilwird. Zudem ist es hilfreich, sich auf eine Ebene mit dem Gesprächspartner zu begeben und als Mensch aufzutreten. Daraus resultieren wiederum äußere Zeichen wie ehrliches Lächeln und andere, welche der Gesprächspartner unbewusst sehr genau registriert.

Eine besondere Herausforderung haben Führungskräfte als Moderator bzw. Besprechungsleiter zu meistern, weil hier alle gruppendynamischen Aspekte auftauchen und sie selbst meist mehrere Rollen gleichzeitig zu bewältigen haben. Vor jeder Besprechung ist zu fragen, ob sie überhaupt notwendig ist, ob Einzelgespräche nicht besser wären, der Aufwand überhaupt lohnt. Wenn sie stattfindet, sollte man sich der Phasen des gruppendynamischen Prozesses bewusst sein und sie nicht versuchen zu unterdrücken: Orientierung, Organisation, Produktion, Wachstum, Auseinandergehen. Wie bei allen anderen kommunikativen Handlungen auch ist die Vorbereitung die halbe Miete. Es ist wichtig, konkrete und nachprüfbare Ziele festzulegen; die wichtigsten, aus denen zugleich keine besondere Art der Besprechung resultiert, sind: Informationen tauschen, Ideen entwickeln, Probleme lösen, Entscheidungen treffen, Konflikte lösen. Zugleich ist zu beachten, dass die Rahmenbedingungen optimal sind, vor allem Raum und Zeit.

Besprechungen sind dann erfolgreich, wenn ein positives Klima herrscht, zugleich Regeln existieren, Probleme und Konflikte offen angesprochen werden. Der Moderator besitzt folgendes Werkzeug, das er individuell verwenden sollte: einen Plan, der vom klaren Auftrag bis zur Rückblende führt; Verständnis-, Problematisierungs- und paradoxe Fragen – sie aktivieren und provozieren. Um Diskussionen zu steuern, sollten Regeln aufgestellt sein, Zusammenfassungen und Ideenspeicher, Beispiele, Thesen, Veranschaulichungen und Rückmeldungen vorhanden sein. Um einen Konsens herbeizuführen, sind folgende Schritte zu gehen:

Meinungen visualisieren → Aussagen spezifizieren → Gemeinsamkeiten aufzeigen → Unterschiede darstellen → Kombinationen prüfen → Gegenmeinungen erläutern → Konsens vor-formulieren → Ergänzungen einarbeiten

Ein straffes Zeitmanagement und die zusammenfassende Rückblende am Ende dienen nicht nur der effektiven Arbeit, sie festigen auch das Image des Besprechungsleiters. Die wichtigsten Herausforderungen, mit denen Moderatoren zu tun haben, sind Passivität, unkontrollierte Diskussionen, Wenig- oder Vieldiskutierer, falsche Rücksichtnahme und lasche Führung. Diesen kann begegnet werden durch ein straffes Zeitmanagement, Führungsstärke, Provokationen, Zusammenfassungen, gezielte Fragen, Aufforderungen und ggf. Mindmap. Auf keinen Fall darf man sich verleiten lassen, nebenbei das Protokoll zu schreiben, denn damit ist das Gehirn überlastet. Insgesamt muss sich der Moderator bewusst werden, dass eine Besprechung DIE Veranstaltungsform ist, in der er seine Führungsstärke am besten unter Beweis stellen kann. Darum hat er sich währenddessen auch voll auf diese eine Aufgabe zu konzentrieren.

5. Motivieren und bewegen

Am Ende der neunziger Jahre brüllte der niederländische Bäckermeister Emile Ratelband Menschen einen Satz ins Ohr („Tsjakkaa, Du schaffst es!") und motivierte damit scheinbar mühelos andere Menschen, ihre Ängste zu überwinden oder Leistungsgrenzen zu überwinden. Andere Motivations- und Erfolgstrainer, deren Namen ich hier aus verschiedenen Gründen lieber nicht nenne, sind ebenfalls nach einer Zeit der Flaute wieder da. Sie lassen die Menschen über glühende Kohlen laufen, den Tiger streicheln oder versetzen sie in Hypnose. Sie machen die Menschen glauben, dass Motivation von außen kommt, wenn man nur die richtigen Worte verwendet. Die Gründe, warum viele solche Versprechungen dankbar annehmen, sind klar. Menschen, die den stetig wachsenden Anforderungen unserer Leistungsgesellschaft genügen müssen, fragen sich, woher die Motivation dafür kommen soll. Ein anderer Grund liegt darin, dass alle gern eine Abkürzung auf den Gipfel nehmen oder – besser noch – die Seilbahn.

Ein dritter Grund: Wir sind in einer Jetzt-hier-sofort-Gesellschaft angekommen, in der alles jeder Zeit verfügbar ist. Menschen haben sich so sehr daran gewöhnt, dass es kaum noch jemandem auffällt. Wenn im Restaurant das Essen nicht nach zwanzig Minuten kommt, wenn eine Antwort auf die E-Mail länger als sechs Stunden dauert, wenn das Paket des Internetversenders nach zwei Tagen immer noch nicht da ist, bricht eine Katastrophe aus.

5.1 Motive für Macher

Die Psychologin Carol Dweck hat in einigen Versuchsreihen zwei unterschiedliche Typen von Selbstbildern herauskristallisiert, die man kennen sollte, wenn es um Eigen- oder Fremdmotivation geht. Das eine nennt sie statisch, das andere dynamisch. Nun gibt es wohl kaum einen Menschen, bei dem die Eigenschaften in Reinkultur auftreten, aber Typen, die stärker zu dem einen oder anderen tendieren, lassen sich ausmachen. Die folgende Tabelle fasst die wichtigsten Persönlichkeitsmerkmale der beiden Selbstbilder zusammen:

	statisch	dynamisch
Umgang mit Informationen	meiden sie und belassen es bei Altem und Bewährtem	suchen gezielt (!) neue, um sie an bestehende zu binden
Denken	schwarz-weiß, in den Kategorien gut-schlecht	in vielen Zwischenschritten und flexibel
Umgang mit Problemen	gehen ihnen bewusst aus dem Weg, suchen Harmonie	verstehen sie als notwendige Lernelemente
Niederlagen	kein Rezept für den Umgang mit ihnen	begreifen sie als notwendig, um besser zu werden
Gewinnen Kraft aus	Materiellem, Sicherheit bietendem Verhalten	Herausforderungen, um Grenzen zu überwinden
Gewinnen Selbstvertrauen aus	Zuwendung und Zuspruch anderer Menschen	gemeisterten Herausforderungen
Erfolg	ruhen sich darauf aus, bleiben stehen	sehen ihn als zeitweise, wissen um Niederlagen

Wer sich mit der Tabelle ehrlich beschäftigt, wird sich selbst einordnen können. Darüber hinaus kann man sie gut verwenden, um andere Menschen als eher dynamisch oder eher statisch bestimmen zu können. Warnen möchte ich jedoch davor, diesen bei oberflächlicher Betrachtung den entsprechenden Stempel aufzudrücken. Zum Ersten weichen Eigen- und Fremdbild immer voneinander ab, zum Zweiten sehen wir immer nur einen kleinen Ausschnitt und nie die gesamte Persönlichkeit. Allerdings besitzen Führungskräfte hiermit auch Anhaltspunkte, um zu klären, wer wie und womit motiviert werden kann.

Menschen mit statischem Selbstbild sehen die Ursachen für Erfolge oder Misserfolge bei anderen und außen. Sie wissen nicht, wie sie mit Niederlagen umgehen sollen, suchen nach Schuldigen, besitzen ein eher schwaches Selbstbewusstsein und sind der Auffassung, nicht sie selbst müssten sich nach der Welt richten, sondern die Welt müsse sich ändern – und zwar nach ihren Vorstellungen. Menschen mit einem dynamischen Selbstbild beziehen hingegen Kraft und Motivation aus neuen Herausforderungen. Sie erleben Misserfolge ebenso schmerzhaft wie die eher statisch orientierten, lassen sich davon aber nicht unterkriegen. Sie wissen, dass Erfolg vor allem auf harter Arbeit beruht, darum schätzen sie auch jene Menschen, die sich Erfolg erarbeitet haben. Menschen mit dynamischem Selbstbild wollen nicht mit Macht an die Spitze; sie gelangen fast automatisch dorthin, weil sie lieben, was sie tun. Sie werden selbstsicher, wenn sie Herausforderungen meistern. Vor allem aber begreifen sie scheinbare Niederlagen als Möglichkeit, daraus zu lernen.

a) Leistungsmotiv

Wer vom Leistungsmotiv vorwärtsgetragen wird, stellt vor allem die Tätigkeit in das Zentrum des Interesses, nicht unbedingt das, was aus der Arbeit, dem eigenen Handeln folgt. Psychologen unterscheiden zwei Teilgruppen von Menschen, die leistungsmotiviert sind. Die erste Gruppe, Erfolgsmotivierte, wird von berechtigten Hoffnungen auf Erfolge vorangetrieben, die andere versucht hingegen, Misserfolge zu vermeiden. Erfolgsmotivierte möchten ihre Leistungen verbessern und bevorzugen mittelschwere Aufgaben. Mittelschwer darum, weil sie genau wissen, dass sie diese mit Fleiß, Übung und Ausdauer auch bewältigen können. Misserfolgsmotivierte hingegen meiden Leistungs-Situationen (das schaffe ich sowieso nicht), sie schieben die Ursachen für ihre Misserfolge auf äußere Situationen. Kurioserweise suchen sie ganz leichte Aufgaben, die sie auf alle Fälle erledigen können, oder viel zu schwere. Damit aber werden sie nie das erhalten, was Erfolgsmotivierte am Ende spüren: ein tiefes Gefühl der Befriedigung über das Erreichte. Misserfolgsorientierte Menschen geraten in einen fatalen Kreislauf. Sie vermeiden Leistungssituationen, welche sie herausfordern könnten. Weil sie falsche Aufgaben wählen, scheitern sie oder machen keine positiven Erfahrungen. Indem sie die Gründe nach außen verschieben, werden sie unzufriedener und verfestigen ihr nicht gerade positives Selbstbild. Um diesen Teufelskreis zu durchbrechen, hilft, sich schrittweise höhere Aufgaben zu stellen, um Erfolgserlebnisse empfinden und genießen zu können. Diese wiederum dienen anschließend dazu, sich auch an die anderen Aufgaben zu wagen, die wieder ein kleines Stück schwerer sind als die vorangegangenen.

b) Machtmotiv

Dieses Motiv findet sich vor allem bei Männern, was an unserer evolutionären Entwicklung liegt. Machtmotivierte interessieren sich in erster Linie nicht für eine Aufgabe, sondern für Positionen und Hierarchien. Sie möchten ganz nach oben, die einflussreichste Stelle einnehmen und Kontrolle über andere Menschen ausüben. Wenn sie in Gruppensituationen Beiträge liefern, dann geht es ihnen oft vordergründig nicht um den Inhalt. Sie wollen damit die anderen in ihrem eigenen Sinne beeinflussen. Wenn Machtmotivierte hingegen ihre eigene Meinung, ihre eigenen Ziele nicht durchdrücken können, empfinden sie das als Niederlage oder Demütigung und ziehen sich schmollend zurück. Nun haben verschiedene Untersuchungen an Primaten und Menschen gezeigt, dass ein starkes Machtmotiv immer Stress mit sich bringt, der auf Dauer ungesund ist. Machtmotivierte schlafen nicht nur unruhiger, in ihrem Blut kreisen auch häufig mehr Stresshormone, die der Körper bei Gefahr oder in einer Verteidigungs-Situation ausschüttet. Die berühmten Manager-Krankheiten sind also oft nicht auf Überforderung oder zu viel Arbeit zurückzuführen, sie basieren häufig auf den ungesunden Folgen des Macht-Motivs.

c) Anschlussmotiv

Dieses Motiv findet sich naturgemäß häufiger bei Frauen als bei Männern. Anschlussmotivierte Menschen suchen gezielt die Geborgenheit in der Gruppe. Ihnen geht es vor allem um Harmonie und das Gefühl, unterstützt zu werden. Wenn Meinungsverschiedenheiten auftauchen, dann konzentrieren sie sich weniger auf den Inhalt als darauf, den Frieden wieder herzustellen.

5.2 Arbeit, Freizeit und Widersprüche

Der aus Ungarn stammende Psychologe Mihaly Csikszentmihalyi hat auf ein Paradoxon hingewiesen, das uns allen täglich begegnet und dennoch ganz unglaublich klingt. Die meisten Menschen in den westlichen Industrienationen geben an, arbeiten zu MÜSSEN, um sich den Lebensunterhalt zu verdienen. Sie richten all ihr Sehnen demnach auf Freizeit und Urlaub. In den drei Wochen kommt es dann häufig zum Eklat, weil alle Wünsche und Sehnsüchte in dieser Zeit gestillt werden sollen. Kurioserweise erleben dieselben Menschen aber gerade während der Arbeit Momente tiefster Befriedigung, weil sie Aufgaben bewältigen, die zufriedenstellen. Je komplexer diese sind, umso höher ist auch der Grad der Zufriedenheit. In der Freizeit hingegen langweilen sich dieselben Menschen, weil sie vor allem konsumieren – vor dem Fernseher, im Kino, in allen Stätten, welche die Freizeitindustrie geschaffen hat. Ihnen ist nicht klar, dass diese Langeweile aus passivem Konsumieren rührt, weswegen sie nach stärkeren, größeren, aufregenderen Erlebnissen verlangen, welche die Freizeitindustrie natürlich bereitwillig liefert.

Warum diese Art von Freizeitbeschäftigung unbefriedigend sein muss, ist klar. Sie kostet in den meisten Fällen Geld und zweigt damit einen gut Teil des durch („zwangsweise" Arbeit) erwirtschafteten Gewinns ab. Menschen sind selbst nicht aktiv, sondern nehmen eine Stellvertreter-Rolle ein; sie bewundern Leistungen anderer – ob auf der Bühne oder im Fernsehen. Dadurch werden sie noch unzufriedener, weil die anderen offensichtlich etwas aus ihrem Leben gemacht haben. Passive Unterhaltung führt zu keinem Ergebnis, außer, dass sie nach mehr verlangt und damit ein gewisses Suchtpotential entfaltet. Sehr schön kann man dies im Kino sehen. Die Filme müssen immer spannender, immer aufregender werden. Nach einem zweidimensionalen Erlebnis folgt das dreidimensionale. Nicht zuletzt verschlingt diese Form der Freizeit verschiedene Formen von Energie, gibt aber im Gegenzug kaum etwas zurück. Man kann das ganze Dilemma auch in einem Satz zusammenfassen: Menschen, die in ihrer Arbeit Erfüllung finden, müssen nicht mit einem Gummiseil vom Turm springen… Die Gründe für den nur scheinbar unauflösbaren Widerspruch zwischen Arbeit und Mensch sieht Csikszentmihalyi in folgenden Tatsachen:

- Die Beziehung des Arbeitenden zu seinem Beruf / zu seiner Tätigkeit scheint gestört.

- Menschen achten während der Arbeit nicht auf die (positiven) Informationen und Rückmeldungen, welche ihnen ihre Sinne vermitteln.

- Viele haben während des Arbeitens das Gefühl, die Ziele anderer zu erreichen; darum haben sie auch das Gefühl, hier Zeit und Energie zu verschwenden.

- Arbeit wird als von außen aufgedrückt betrachtet, als Last, der es sich so oft wie möglich zu entledigen gilt.

Der erste Punkt (das gestörte Verhältnis zur Arbeit) wird auch heute noch von Gewerkschaften und teilweise auch von Personalräten gestärkt. Vor allem Gewerkschafter betonen durch ihre Argumentation angeblich vorhandene unüberbrückbare Widersprüche und Gegensätze, die nur dann gelöst werden, wenn der Arbeiter weniger arbeitet und mehr Freizeit bekommt. Arbeit wird immer das Attribut des Zwangs angeheftet, was sich bis in unsere Alltagssprache fortsetzt: „Ich MUSS morgen wieder arbeiten." Wenn Menschen also Spaß an ihrer Arbeit haben wollen, um diese auch motivierter ausführen zu können, sollten alle positiven Aspekte ans Tageslicht, die unbestreitbar vorhanden sind. Vor allem aber muss sich die Einstellung zur Arbeit ändern: „Ob eine Arbeit Abwechslung bietet oder nicht, hängt letztendlich eher davon ab, wie man sie angeht, als von tatsächlichen Bedingungen."

Dieser Satz von Csikszentmihalyi sollte uns zu denken geben, denn er bezieht sich auch auf jene Tätigkeiten, denen man gemeinhin wenig erfüllendes Potential nachsagt. Als Beispiel führt der Psychologe einen Schweißer namens Joe an. Alle in der Fabrik schwören darauf, dass er der wichtigste Mann im ganzen Laden sei. Er kann jede Maschine reparieren und hat Freude daran, diese wieder zum Laufen zu bringen. Wenn leitende Personen es nicht schaffen, die Freude an jeder Arbeit und vor allem an jedem Arbeitserfolg den Mitarbeitern einzuimpfen, prallen alle Versuche, den Arbeitenden zu motivieren, ab. Er muss ja arbeiten – nützt ja nichts.

5.3 Flow – mehr geht nicht

Arbeiter wie Joe empfinden es höchstwahrscheinlich, von anderen weiß man es genau. Es handelt sich um ein Gefühl, das den Namen Flow bekam und besser als jede Motivationspille wirkt, weil es den Menschen ganz gefangen nimmt. Was Csikszentmihalyi bei Künstlern, Handwerkern, Ärzten und Fließbandarbeitern gleichermaßen fand, lässt sich am besten mit Hilfe derjenigen beschreiben, die diesen Zustand mehrmals erleben – ganz ohne Drogen von außen.

- „An Tagen, wenn die Luft kristallklar ist, sitze ich einfach nur im Zug und blicke über die Dächer, weil es so ein faszinierender Anblick ist, die Stadt so zu betrachten, darüber zu schweben, aber nicht dazu zu gehören, diese Formen und Farben zu sehen, diese wunderbaren alten Gebäude…"
- „Es ist sehr befriedigend, wenn es auch etwas schwierig wird, so bringt es doch Anregung. Es gefällt mir sehr, Dinge wieder ‚in Gang zu bringen‘, sie wieder an den richtigen Ort zu versetzen, so dass die Sache wieder passt und aussieht, wie sie aussehen sollte. Dies gefällt mir, besonders wenn die Gruppe gut und effizient zusammenarbeitet. Dann ist die Sache auch ästhetisch befriedigend."
- „Das gibt mir große Befriedigung. Draußen sein, mit den Leuten reden, bei meinen Tieren sein… Die ganze Natur ist eine große Gemeinschaft; man sieht jeden Tag, wie sich in der Natur etwas verändert. Man fühlt sich rein und glücklich, nur schade, dass man müde wird und nach Hause muss…"
- „Ich bin frei bei meiner Arbeit, weil ich tue, was ich will. Wenn ich etwas heute nicht erledige, mache ich es morgen. Ich habe keinen Chef. Ich bin mein eigener Chef. Ich habe mir meine Freiheit erhalten und habe dafür gekämpft."

Das erste Zitat stammt von einem Künstler, das zweite von einem Chirurgen – die letzten beiden sind von Frauen aus den italienischen Alpen – beide über siebzig Jahre alt. Besonders ein Begriff wird von Menschen, die Flow erleben, immer wieder genannt: Befriedigung. Hier liegt der Schlüssel für Motivation, die ein ganzes Arbeitsleben hält. Der Arbeitende muss eine Tätigkeit ausüben, die ihn befriedigt, ausfüllt, in der er einen Sinn sieht. Untersuchungen haben gezeigt, dass jede Arbeit potentiell dazu in der Lage ist, Flow zu generieren, sie muss nur zum Individuum passen. Wenn der eine (ich zum Beispiel) ganz gefangen ist von einem Text, den er gerade schreibt, dann empfindet ein anderer diese Tätigkeit als aufgezwungen, bedrückend, ein ungeliebtes Muss. Ein Gespräch, das ich kürzlich mit einer Beamtin führte, gibt einen Hinweis, warum viele von uns ihre Arbeit nie als befriedigend empfinden können: Arbeit und Person passen ganz einfach nicht zusammen. Sie, noch keine dreißig, arbeitet als Rechtspflegerin. Die Begründung für ihre Berufswahl lautet: Sicherheit durch Beamtenstatus…

Csikszentmihalyi nennt Personen, die geradezu prädestiniert sind für Flow, autotelisch, also selbstzweckhaft bzw. unabhängig. Sie führen Tätigkeiten ausschließlich um ihrer selbst willen durch und nicht, weil ihnen von außen ein Ziel vorgegeben wurde. Das Beste daran ist: Wer eine Arbeit um ihrer selbst willen erledigt, bringt optimale Ergebnisse. In Kurzform kann man sagen, dass sich autotelische Personen wie folgt auszeichnen. Sie

- sind in der Lage, alle anderen Aktivitäten aus der Peripherie herunterzufahren, um sich ausschließlich auf die eine zu konzentrieren,

- verwandeln objektiv schlechte Erfahrungen in subjektiv kontrollierbare,

- konzentrieren sich nicht mehr auf sich selbst als Person, sondern verlagern die Aufmerksamkeit zu den Objekten, mit denen sie sich beschäftigen, mit denen sie ihre ganz eigenen Ziel realisieren wollen.

Die Stichworte, die hier besonders wichtig sind, heißen: eigene Ziele und Konzentration auf die Arbeit. Die Frage ist nun, wie man andere dazu bringen kann, von diesen Erfahrungen zu profitieren? Hier Antworten, die sowohl auf den Untersuchungen verschiedener Wissenschaftler als auch auf meinen eigenen Erfahrungen beruhen:

Schritt eins: Ziel(e) setzen: Fragt man Menschen nach ihren Zielen, erhält man erstaunlich oft keine Antwort oder nur eine, die von außen vorgegeben scheint: viel Geld verdienen, früh verrentet werden, reisen, ein schönes Haus… Sehr oft ist es auch so, dass Menschen durch einen kleinen Zufall auf eine Lebensbahn geschickt wurden, die gar nicht der Persönlichkeit entspricht. Weil Lehrstelle oder Studienplatz A nicht zu haben waren, begnügt man sich mit B. Dies trifft auch für den Partner und den Lebensmittelpunkt zu. Natürlich gibt es viele Gründe, nach Plan B zu handeln, häufig aber liegt genau hier die Ursache für eine latente Unzufriedenheit. Die eigentlichen Ziele herauszufinden, ist jedoch sehr einfach. Man fragt sich und den anderen, wobei man die Zeit vergisst und Glück empfindet. Große und kleine Ziele müssen klar formuliert und nach Möglichkeit aufgeschrieben werden, das hat zwei wichtige Konsequenzen: Der Betreffende muss das jeweilige Ziel wirklich klar durchdenken, bevor er es genau notieren kann. Zugleich verpflichtet er sich und gegebenenfalls vor dem anderen. Wer sein Ziel selbst bestimmt und formuliert hat, wird auch zuverlässiger danach handeln. Da fällt es auch leichter, Ziele zu ändern und sich ändernden Bedingungen anzupassen.

Schritt zwei: in die Handlung vertiefen: Auch wenn eine Aufgabe noch so trivial und alltäglich erscheint – wer sich vertieft und alles andere ausblendet, erreicht nicht nur ein besseres Resultat – der Grad der Befriedigung schon während des Arbeitens ist auch höher. Diese Vertiefung wird durch Konzentration gefördert, die man unter anderem dadurch erreicht, dass alle störenden Umweltbedingungen ausgeschaltet werden. Zugleich ist es wichtig, nicht an den – wie auch immer gearteten – Lohn zu denken, sondern nur an das Resultat: Wie wird es sein, wenn es fertig ist?

Schritt drei: Freude auf dem Weg: Wer Flow erleben möchte, sollte lernen, sich wieder an den kleinen Dingen des Alltags, die auf dem Weg zum Ziel geschehen, bewusst zu freuen. Das bezieht sich bereits auf so schreckliche Sachen, die unseren durchorganisierten Alltag stören: Regenschauer, verspätete Bahn, stockender Verkehr, Schlange an der Kasse… Der Regen wird umgedeutet als Zeichen, dass ich noch am Leben bin und Wasser überhaupt empfinden kann (Menschen in Wüsten würden Luftsprünge machen, wenn Wasser vom Himmel fällt). Die verspätete Bahn lässt mehr Zeit, eine neue Bekanntschaft zu schließen oder das Buch weiterzulesen, im Stau kann ich in Ruhe der Hör-CD lauschen, in der Schlange an der Kasse Gedächtnis oder Menschenkenntnis trainieren. Dinge, die Menschen nicht ändern können, müssen also aus einer anderen Perspektive betrachtet werden. Sonst bestimmen sie den Alltag und lassen zu, dass negative Emotionen die Oberhand gewinnen.

5.4 Andere motivieren

Nach dem bisher Gesagten ist klar, dass diese Überschrift nicht ganz richtig ist, denn motivieren können Menschen nur sich selbst. Weil aber viele dazu nicht in der Lage sind, bedürfen sie eines Anstoßes von außen, damit die Selbstmotivation mit all ihren Vorteilen überhaupt in Gang kommt und wirksam werden kann.

a) Partizipieren

Die besten Resultate erbringen Menschen, wenn sie sich ihre Arbeit und damit auch ihre Ziele selbst aussuchen dürfen. Sehr oft ist zu beobachten, dass Unmotivierte in ihrer Freizeit regelrecht aufblühen und hier Energien freisetzen, die der Arbeitgeber gern für den eigentlichen Job aktiviert sähe. Um den Energiefluss in die richtigen Bahnen zu lenken, müssen Mitarbeiter in allen nur möglichen Phasen des Arbeitsprozesses eingebunden werden. Sie sollen so viel wie möglich selbst entscheiden können, Ziele finden und Handlungsschritte festlegen. Wer jetzt entsetzt die Hände hebt und ein Chaos in der Organisation befürchtet, sollte sich die vielfältigen Potenzen vor Augen halten. Wenn sich Meier ein Ziel selbst gesetzt hat, wird er nicht an jedem Arbeitstag schon mittags auf die Uhr schielen, sondern vielleicht die Zeit sogar ganz vergessen.

Menschen, die spüren, dass man ihnen schrittweise mehr Verantwortung überträgt, arbeiten auch verantwortungsvoller. Dazu muss man ihnen natürlich mehr zumuten, sie fordern und dabei auch das Risiko des Scheiterns in Kauf nehmen. Wenn Mitarbeiter größere Aufgabenbereiche übernehmen, ihre Arbeit frei planen, organisieren und kontrollieren können, gehen sie nicht nur verantwortungsbewusst mit Ressourcen, sondern auch ihren eigenen Kräften um. Damit aber noch nicht genug der Vorteile: Sie sind zufriedener, werden weniger häufig krank und verschieben allmählich ihre Energie von den Freizeitaktivitäten hin zu ihrem eigenen Job. All dies ist mehrfach nachgewiesen. Warum diese Erkenntnisse auch heute noch viel zu wenig umgesetzt werden, hat verschiedene Gründe:

Führungskräfte wissen nicht um diese Gesetzmäßigkeiten, sie haben Angst vor Autoritätsverlust oder machen einfach so weiter wie bisher. Das Gegenteil aber ist richtig. Vorgesetzte steigen in der Achtung ihrer Mitarbeiter, wenn sie die Zügel locker lassen und Verantwortung abgeben.

b) Gemeinsam Ziele formulieren

Eine Arbeitsplatzbeschreibung ist noch nicht gleichzusetzen mit den Zielen, welche der Mitarbeiter erreichen soll. Wenn Führungskräfte gemeinsam die Ziele mit den entsprechenden Mitarbeitern festlegen, fühlen sich diese stärker daran gebunden. Bei solchen Gesprächen kann man zwei weitverbreitete psychologische Phänomene einsetzen. Das erste heißt Commitment und meint die Bindung an etwas, was jemand selbst gesagt hat. Wer einen Standpunkt einnimmt, sich auf etwas festlegt, sich zu etwas bekennt, wird auch eine Menge Energie daran setzen, dies umzusetzen. Die Ursache für dieses Verhalten liegt tief im Wesen des Menschen verborgen. Wir wollen einfach konsistent erscheinen und auch so handeln. Damit das Prinzip wirksam wird und sich zugleich positiv auf das Selbstbild der entsprechenden Person auswirkt, sollten die Aussagen freiwillig herbeigeführt werden, möglichst offen genannt oder schriftlich niedergelegt sein. Zugleich sollte es nicht ganz einfach sein, die Ziele zu verwirklichen, welche die Person festgelegt hat. Der Führungskraft kommt bei diesem Prozess die Aufgabe zu, Impulse zu liefern, Anstöße zu geben, den Ehrgeiz des anderen zu kitzeln, Fragen zu stellen.

Das zweite Phänomen, welches sich hier einsetzen lässt, ist der Anker. Dieser kann sich auf zu produzierende Stückzahlen, auf abgeschlossene Projekte, auf einen Zeitrahmen beziehen. Wenn der andere den gesetzten Anker als zu hoch empfindet und die Führungskraft nach unten verhandelt, hat diese ihr eigentliches Ziel erreicht. Nun sind Ziele nicht gleich Ziele. Sie sollten gemeinsam erarbeitet, klar zu messen und vor allem exakt formuliert sein. Am Ende des Ziel-Gesprächs sind sie schriftlich festzuhalten, das Dokument ist von beiden Seiten zu unterzeichnen. Das hat einen Vorteil. Mit Unterzeichnung werden die Ziele von beiden Seiten aufgewertet, sie bekommen den Status eines wichtigen Dokuments, das im Ernstfall justitiabel ist.

c) Rückmeldungen

Nicht nur Kinder, sondern auch Erwachsene brauchen Rückmeldungen über das, was sie den lieben langen Tag tun. Das gilt besonders dann, wenn Tätigkeiten monoton, wenig kreativ und nach einem bestimmten Schema ablaufen. Das trifft nicht etwa nur für die Arbeit in Fabriken zu. Personen, die vor allem darauf fokussieren, das Ziel zu erreichen, benötigen positive Rückmeldungen über den Stand der Dinge. Personen, die vor allem Fehler vermeiden wollen, benötigen negative Rückmeldungen. Das ist kein Witz, sondern mehrfach erwiesen. Es ist also notwendig, vorher zu wissen, ob man es mit einem Menschen zu tun hat, der erfolgsorientiert oder misserfolgsorientiert ist. Bei letzterem sollte man allerdings auch nie den Hinweis vergessen, dass noch nicht alle Kinder in den Brunnen gefallen sind, sondern das Ziel noch zu erreichen ist.

Bleibt die Frage, wann der Vorgesetzte eine Rückmeldung geben soll. Eingebürgert haben sich regelmäßige Mitarbeitergespräche, die nicht nur nach einem bestimmten äußeren Schema ablaufen, sondern auch protokolliert werden. Das hat Vorteile, denn was du schwarz auf weiß besitzt... Ein Nachteil regelmäßig erfolgender Rückmeldungen allerdings ist ihre Vorhersehbarkeit. Damit lässt sich ein Aspekt kaum mehr nutzen, der jedoch sehr wirkungsvoll eingesetzt werden kann – die Emotion. Wenn Mitarbeiter eine positive oder negative Rückmeldung zu einem Zeitpunkt bekommen, den sie nicht erwarten, kann diese an positive und negative Emotionen gekoppelt werden, die durch ihre Spontaneität einen hohen Grad an Glaubwürdigkeit besitzen. Wenn also der Chef völlig unerwartet ins Zimmer von Herrn Meier stürmt, um ihm seine Freude über den Stand des Projekts mitzuteilen, lässt sich ahnen, wie Meier darauf reagiert und welche positiven Folgen dieser kleine „Überfall" hat.

Bei allen Rückmeldungen sind folgende Faktoren wichtig: Nicht der Mensch als solches, sondern seine Leistung wird bewertet. Vor einer negativen Bewertung muss etwas Positives genannt werden. Nachprüfbare Kriterien bilden die Basis, damit die Bewertung auf der Sachebene bleibt. Zugleich ist sie möglichst zeitnah nach dem Ereignis zu geben, nicht Tage später. Am Ende steht immer die Aussicht, dass und wie die Leistung verbessert werden kann. Hier ist auch das Inklusive Wir angebracht, welches den Einzelnen als Mitglied der Gruppe kennzeichnet: „Wir schaffen das."

Zusammenfassung

Motivation gehört zu den wichtigsten Aufgaben von Führungskräften. Allerdings funktionieren gebrüllte Sätze genauso wenig wie extrinsische Motivation, welche ein Ziel voraussetzt, das der betreffenden Person nicht eigen ist. Um motivieren zu können – sich selbst und andere – muss man wissen, ob der Betreffende ein eher statisches oder dynamisches Selbstbild besitzt und welche Motive ihn antreiben. Zu dem wichtigsten gehört das Leistungsmotiv in seinen zwei grundlegenden Ausprägungen, Erfolg und Misserfolg. Erfolgsmotivierte suchen den Erfolg und bevorzugen demnach mittelschwere Aufgaben, die sie auch bewältigen können. Misserfolgsorientierte versuchen, Misserfolge zu vermeiden und suchen demnach ganz leichte Aufgaben. Die zwei anderen zentralen Motive sind Macht und Anschluss. Ersteres ist häufig bei Männern zu finden, denen es weniger um den Inhalt der Aufgabe, sondern eher um die damit zu erzielende Position geht. Das Anschluss-Motiv findet sich eher bei Frauen und richtet sich auf Harmonie in der Gemeinschaft.

Der Psychologe Csikszentmihalyi erkannte ein zentrales Paradoxon im Verhältnis zwischen Arbeit und Freizeit. Es besagt, dass viele Menschen Arbeit meiden und Freizeit suchen, obwohl sie bei der Arbeit – und nicht während der vorwiegend konsumierenden Freizeit – Befriedigung, Erfüllung und Glücksmomente finden. Zugleich entdeckte er einen Zustand, den jeder Mensch finden kann. Dieses, Flow genannte Erleben, ist dadurch gekennzeichnet, dass die Menschen völlig in der jeweiligen Tätigkeit aufgehen und alles andere vergessen. Die Tätigkeit wird also um ihrer selbst willen erledigt.

Um nun andere Menschen trotz dieser Befunde zu motivieren, sind folgende Strategien erfolgreich: Menschen sollten sich ihre Arbeit entsprechend ihre ganz persönlichen Einstellungen, Ziele und Fähigkeiten aussuchen können. Zugleich sollten sie Rückmeldungen bekommen, die sich in erster Linie nicht auf das zu erreichende Ziel, sondern auf die Arbeit selbst, auf das Besondere beziehen. Um dies zu erreichen, muss man natürlich im ersten Schritt wissen, was den Menschen antreibt, umtreibt, zu Höchstleistungen bringt. Wenn dann Flow eintritt, ist das Optimum erreicht.

6.   Epilog

Der Legende nach rüttelte Gerhard Schröder dereinst am Zaun des Kanzleramts und rief: „Ich will hier rein." Ob diese Geschichte wahr ist oder nicht, spielt keine Rolle. Sie zeigt, welche Eigenschaften Führungskräfte besitzen müssen. Zum einen ist da der Wille zur Macht. Macht und Wille sind häufig negativ besetzt, aber unabdingbar, wie wir an vielen Beispielen gesehen haben. Wer kein Alpha-Tier sein möchte, wer keinen Hang zur (positiv besetzten) Macht hat, wer nicht gestalten, sondern sich lieber mitziehen lassen möchte, wird keine gute Führungspersönlichkeit werden.

Hinzu kommt ein gewisser Hang zur (positiven) Selbstvermarktung. Der Satz von Mutti „Stell dich nicht immer in den Vordergrund." ist genauso fehl am Platz wie das natürliche Verlangen, Harmonie zu suchen. Führungskräfte dürfen keine Scheu haben, sich vor anderen Menschen zu positionieren (in beiderlei Wortsinne) und auch mal auf Konfrontationskurs zu gehen. Sie blicken über das Tagesgeschehen hinaus und verfolgen ein Ziel, welches sie antizipiert haben. Vorgesetzte betrachten dies nicht als Last, sondern als Lust und haben Spaß an der Sache. Ohne positive Emotionen jedoch – dies zeigen neue Untersuchungen – werden sie keinen Flow erleben, die umfangreichen Aufgaben sie erdrücken und an den Rand des Burnouts treiben.

Viele Tätigkeiten, die in diesem Buch besprochen wurden, lassen sich nicht durch Lesen lernen. Darum verstehe ich die einzelnen Kapitel auch als Arbeitsmaterial, das sich langfristig nutzen lässt. Die Lernpsychologie hat – gemeinsam mit der Neurologie – Methoden entwickelt, um gezielt und dauerhaft Inhalte verinnerlichen und erfolgreich anwenden zu können. Die wichtigste in unserem Kontext lautet: Besser weniger Inhalte, dafür in kurzen Abständen lernen und festigen, dann zum nächsten Inhalt übergehen. Ich wünsche viel Erfolg dabei.

7. Literatur

- Brizendine, Louanne: Das weibliche Gehirn. Hamburg 2007

- Brizendine, Louanne: Das männliche Gehirn. Hamburg 2010

- Brown, Jeff / Fenske, Mark: So denken Gewinner. München 2011

- Buschmeier, Ulrike: Macht und Einfluß in Organisationen. Göttingen 1994

- Cialdini, Robert B.: Die Psychologie des Überzeugens. Bern 2007

- Csikszentmihalyi, Mihaly: Flow. Stuttgart 2002

- Dweck, Carol: Selbstbild: Wie unser Denken Erfolge oder Niederlagen bewirkt. München 2009

- Dutton, Kevin. Gehirnflüsterer. München 2011

- Eibl-Eibesfeldt, Irenäus: Die Biologie des menschlichen Verhaltens. München 2004

- Ekman, Paul: Gefühle lesen. Heidelberg 2011

- Frank, Thomas A.: Schnelleinstieg Psychologie im Unternehmen. München 2010

- Grabowski, Joachim (Hrsg.): Atkinsons und Hilgards Einführung in die Psycholgie. 14. erw. Aufl. Heidelberg 2007

- Hall, Edward T.: Die Sprache des Raumes. Düsseldorf 1976

- Hansch, Dietmar: Erfolgsprinzip Persönlichkeit. Heidelberg 2009

- Häusermann, Jürg: Wie inszeniert man Charisma? In: Bliesemann de Guevara, Berit / Reiber Tatjana (Hrsg.): Charisma und Herrschaft. Frankfurt 2011

- Heyde von der, Anke / Linde von der, Boris: Psychologie für Führungskräfte. 2. Aufl. München 2010

- Kahneman, Daniel: Schnelles Denken, langsames Denken. München 2012

- Koeppler, Karlfritz: Strategien erfolgreicher Kommunikation. München/Wien 2000

- Laufer, Hartmut: Sprint-Meetings statt Marathon-Sitzungen. Offenbach 2009

- Martin Leo: Ich krieg Dich! Menschen für sich gewinnen – ein Ex-Agent verrät die besten Strategien. München 2011

- Prost, Winfried: Führen mit Autorität und Charisma. Wiesbaden 2008

- Stroebe, Wolfgang / Nijstad, Bernard: Störe meine Kreise nicht! In: Gehirn & Geist, Heidelberg 2/2003: 26-31

- Sperling, Jan Bodo / Wasserveld-Reinhold, Jaqueline: Moderation. Freiburg 2011

- Waal Frans de: Der Affe in uns. München 2006

- Weber, Max: Die Wirtschaftsethik der Weltreligionen, in: Studienausgabe der Max Weber-Gesamtausgabe, Bd. 19. Tübingen 1991

- Zimbardo, Philip G.: Psychologie. Augsburg 1995